EXPOSITION UNIVERSELLE DES BEAUX-ARTS

DIX ANNÉES
DU
SALON DE PEINTURE
ET DE SCULPTURE

1879-1888

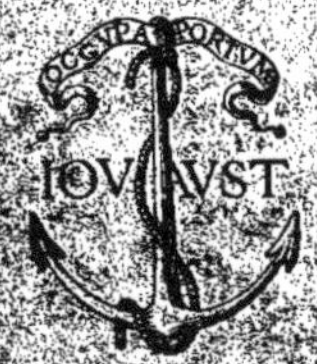

PARIS
LIBRAIRIE DES BIBLIOPHILES
M DCCC LXXXIX

EXPOSITION UNIVERSELLE DES BEAUX-ARTS

DIX ANNÉES
DU
SALON DE PEINTURE
ET DE SCULPTURE

1879-1888

TIRAGE A PETIT NOMBRE

PLUS VINGT-CINQ EXEMPLAIRES SUR PAPIER DE HOLLANDE

DIX ANNÉES
DU
SALON DE PEINTURE
ET
DE SCULPTURE

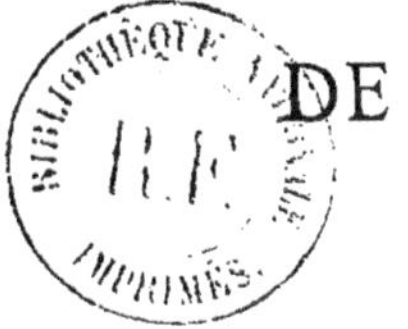

1879-1888

NOTICES PAR GEORGES LAFENESTRE

AVEC

QUARANTE EAUX-FORTES

REPRODUISANT LES ŒUVRES PRINCIPALES

ET GRAVÉES PAR LES MEILLEURS ARTISTES

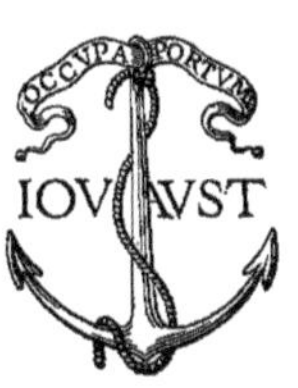

PARIS
LIBRAIRIE DES BIBLIOPHILES
RUE DE LILLE, 7

M DCCC LXXXIX

AVERTISSEMENT

Tous les amateurs d'ouvrages d'art connaissent le *Livre d'Or du Salon de peinture et de sculpture,* qui paraît depuis l'année 1879. Pour cette publication M. Georges Lafenestre a écrit des préfaces toujours fort remarquées, et dont plusieurs journaux et revues ont donné des extraits. Il nous a paru utile et intéressant, à l'occasion de l'exposition décennale des beaux-arts organisée au Champ de Mars, de réunir ces préfaces, dont l'ensemble forme une courte et pittoresque histoire de l'art français pendant les années 1879 à 1888, et de les présenter au public en un volume, auquel nous avons joint quarante eaux-fortes représentant les œuvres principales, gravées par les meilleurs artistes. Nous donnons pour chaque année trois œuvres de peinture et une de sculpture, accompagnées d'un texte descriptif. La plupart d'entre elles figurent nécessairement à l'Exposition universelle, et nous les avons désignées par la mention E. U.

Il nous semble qu'une publication de ce genre doit être favorablement accueillie par le public, toujours plus nombreux, qui suit avec tant d'intérêt nos Salons annuels. Elle sera en tout cas un curieux et luxueux souvenir de la brillante exposition décennale de 1889, qui fait tant d'honneur à l'École française.

D. J.

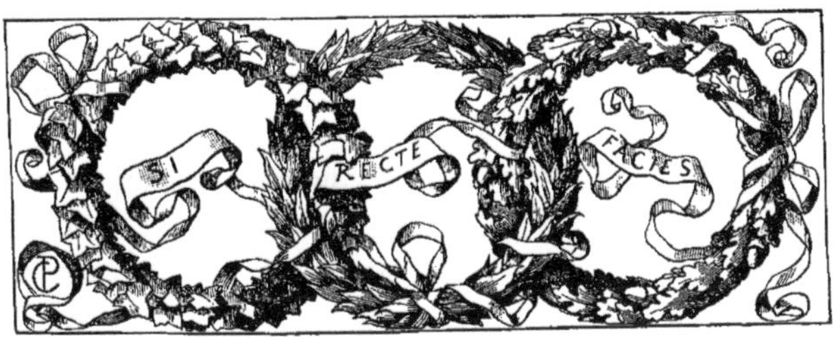

Salon de 1879

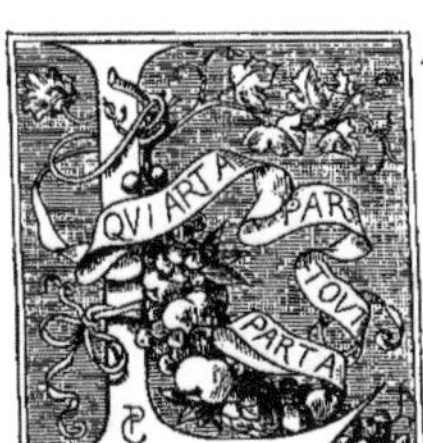

La physionomie du Salon de 1879 a été à la fois brillante et indécise, car elle portait le caractère d'un temps où les artistes sont plus nombreux et plus actifs que jamais, mais où manquent des chefs de génie pour rallier et condenser les efforts isolés des individualités éparses. La médaille d'honneur, donnée dans la section de peinture au *Portrait de Mme la comtesse V...*, si fièrement posé et si librement brossé par M. Carolus-Duran, constate, dans le jury comme dans le public, des dispositions croissantes à bien accueillir toutes les tentatives des peintres naturalistes, qui deviennent chaque année plus nombreux et plus sérieux. Un grand besoin de sincérité, de simplicité, de franchise, a succédé, en effet, à l'enthousiasme, souvent aveugle, pour les formules traditionnelles. Ce besoin est tel qu'un peintre n'a parfois qu'à montrer l'apparence d'une de ces précieuses qualités pour se faire pardonner une inexpérience notoire ou des insuffisances criantes. La plupart des œuvres qui ont paru au jury dignes d'être signalées témoignent, dans des mesures diverses, de ce souci de l'exactitude matérielle, soit dans les types, soit dans les costumes, soit dans le milieu environnant, qui est un des caractères de l'art contemporain. Presque tous les jeunes peintres qui s'essayent de nouveau aux grandes compositions d'histoire, un peu délaissées par la génération précédente, cherchent dans cette étude souvent hardie de la réalité les éléments de vie qui ranimeront leurs visions rétrospectives. M. Duez fait hardiment, comme les maîtres du XVe siècle, représenter une légende ancienne par des figures de son temps, dans un paysage de son temps ; M. Morot, avec une science déjà grande et une expérience déjà mûre, n'hésite pas, dans une scène énergique d'une puissante ordonnance, à donner aux femmes gauloises une sauvagerie archaïque qui ne sent point la formule ; M. Maignan, tout échauffé encore par l'esprit des maîtres italiens, rassemble autour du Christ un certain nombre de figures vigoureuses, dont l'expression est saisissante parce qu'elle a été prise sur le vif.

Parmi les ouvrages ayant obtenu les secondes et troisièmes médailles ou les mentions honorables, quelques-uns sont naturellement des tableaux d'école. Ils ont mérité les suffrages par ces qualités moins brillantes, mais fondamentales et indispensables, qu'on est en droit de demander aux débutants, et qui sont la garantie de leur avenir. Tels sont : *Un Martyr,* par M. Fritel; la *Mort de l'empereur Commode,* par M. Pelez; le *Saint Jérôme au désert,* par M. Georges Sauvage; *l'Enfance de Bacchus,* par M. Giron; le *Persée,* par M. Jacques Wagrez; le *Jacob chez Laban,* par M. Lerolle; le *Job et ses amis,* par M. Lucas; le *Caron,* par M. Brunet; les *Nymphes et Faunes,* par M. Foubert; la *Sainte Élisabeth de Hongrie,* par M. Aviat; la *Suzanne,* par M. Hirsch; *la Fille de Jephté,* par M. Berthault. Dans presque toutes ces toiles, l'étude attentive du nu se joint à une recherche sérieuse de la composition expressive et du style élevé.

Pourtant, dans cette catégorie, le plus grand nombre des récompenses a été donné à des tableaux représentant des sujets contemporains, tels que paysages, portraits, scènes de genre, tableaux dans lesquels l'imagination personnelle ne joue qu'un rôle secondaire, et qui se recommandent par une observation franche de la réalité environnante. Les *Moutons,* par M. Vayson; le *Bas de Montigny,* par M. Yon; le *Coin de Bercy pendant l'inondation,* par M. Loir; *l'Août dans le Nord,* par M. Demont; *le Moulin de Merlimont,* par M. Damoye; *le Ruisseau du Puits-Noir,* par M. Ordinaire; la *Grande Marée dans la Manche,* par M. Hagborg; les *Pêcheuses de varech à Yport,* par M. Émile Vernier; le *Marais des landes de Gascogne,* par M. Chabry; *les Bords de la Seine à Essonnes,* par M. Berthelon; le *Givre en forêt,* par M. de Bellée, nous ont tous ravi par cet accent profond et délicat qui sort de la vérité tendrement aimée et vivement exprimée. Tous ces paysages, bien aérés, bien éclairés, respirent bien la même santé tranquille que les franches paysanneries de MM. Salmson, La Boulaye, Jourdain, Destrem, Blayn, Rasetti, Mosler, Buland, Dupré, où la vie rustique apparaît avec la poésie simple et forte de ses labeurs, de ses piétés, de ses douleurs. Au milieu de ce grand développement de l'art naturaliste, la peinture anecdotique, malgré le talent et l'esprit qu'y dépensent encore quelques jeunes maîtres, semble perdre du terrain. Le jury n'a trouvé à signaler, dans ce genre, que *la Halte,* par M. Outin; *le Fruit défendu,* par M. Metzmacher; *En* 1795, par M. Georges Lehmann : jolies études en costumes XVIIIe siècle; puis une vive et harmonieuse toile de M. Steinheil, *les Amateurs d'estampes;* mais, là aussi, les toiles qui ont obtenu un succès populaire, *le Carreau des Halles,* par M. Gilbert; *le Lavabo des Réservistes,* par M. Aublet; *le Repas du Missionnaire,* par M. Payen; *A la fontaine,* par Mlle Gardner; *les Travailleurs de la Mer,* par M. Rudaux; *les*

Abandonnés, par M. Bruck-Lajos; *l'Hymne,* par M. Moyse; *l'École de dessin,* par M. Ravel, sont encore des études spirituelles, sentimentales ou naïves, d'observation directe.

Les mêmes tendances, avec la même indépendance dans les moyens d'expression, apparaissent chez les *hors concours.* Deux des peintres les plus fêtés au Salon sont deux peintres naturalistes : M. Bonnat, qui s'est montré plus vigoureux que jamais dans son magistral *Portrait de Victor Hugo;* M. Bastien-Lepage, dont le dilettantisme habile et hardi sait animer tour à tour avec la même aisance la délicate silhouette d'une comédienne raffinée et la grossière image d'une paysanne brutale. A côté d'eux, il faut noter les œuvres d'autres portraitistes savants, plus attachés aux traditions du beau dessin et plus soucieux des expressions morales, qui laisseront aussi aux amateurs un souvenir délicat, telles que le *Portrait de Mme la marquise de C... T.*, par M. Cabanel, et celui de *M. Gounod,* par M. Delaunay. MM. Bouguereau, Jules Lefebvre, Henner, représentent avec éclat la science du nu, cette science fondamentale pour un art qui veut vivre, dans ce qu'elle a tour à tour de plus habile et de plus souriant, de plus sincère et de plus précis, de plus ému et de plus poétique. La grande peinture historique, la peinture nationale, dont le réveil semble coïncider avec le réveil de la vie publique, s'y présente avec MM. J.-P. Laurens, Lecomte du Nouy, Lucien Mélingue, pour champions. Ces trois jeunes maîtres ont, à divers degrés, une qualité qui leur est commune, et qui est une qualité bien française : ils savent ordonner une composition logiquement, nettement, sans hors-d'œuvre, en vue d'un effet déterminé. M. J.-P. Laurens se distingue par sa manière simple, ferme, austère, par son sens profond des types historiques ; M. Lecomte du Nouy, par une recherche heureuse des beaux morceaux de dessin et de l'aspect monumental; M. Lucien Mélingue, par la vigueur de l'action dramatique et la vérité des physionomies. MM. François Flameng et Ponsan-Debat s'avancent, à la suite de ces devanciers, avec une conviction ardente qui fait bien augurer de leur avenir. Quant à M. Olivier Merson, il continue, avec un talent croissant, à tenir une place à part dans le mouvement contemporain, par ce sentiment délicat de la poésie élevée qui l'attache aux légendes du passé.

Parmi les paysagistes, toujours si nombreux, il faut signaler en première ligne M. Camille Bernier, qui n'avait jamais si fortement ni si complètement exprimé ses émotions, toujours si franches et si saines, devant la nature grave et silencieuse où il se plaît ; M. Charles Busson, dont *le Déversoir* répète avec un accent plus vif que jamais cette note vibrante et mélancolique des orages finissants ou des averses prochaines qui donne un charme grave à toutes ses toiles ; M. de Curzon, dont les paysages poétiques, si finement exacts, ont toute la grâce d'une apparition antique ; M. Français, qui marque ses plus petites œuvres de sa griffe de maître, et veille avec une fermeté simple sur les hautes traditions du paysage français ; M. Guillaumet, qui nous apparaît comme l'interprète le plus harmonieux, le plus exact, le plus ému, qu'ait aujourd'hui notre terre d'Afrique ; enfin MM. Guillemet, Lansyer, Pelouse, qui représentent avec tout l'attrait de sa sincérité vive et sérieuse la génération studieuse et modeste qui a recueilli pieusement l'héritage de la génération passionnée de 1830. La peinture rustique ne peut être représentée plus franchement que par M. Ulysse Butin, plus délicatement que par M. Feyen-Perrin ; la peinture de genre familière, plus spirituellement que par M. Worms, plus gravement que par M. Herkomer, plus librement que par M. Gervex. De même MM. Detaille et Berne-Bellecour réunissent en eux les plus précieuses qualités de notre école anecdotique et militaire, et M. Philippe Rousseau apparaît comme le type le plus complet du peintre de nature morte.

Bien que la sculpture soit un art plus rigoureux, dont les règles inflexibles s'accommodent moins au caprice des temps, on a pu remarquer au Salon de 1879, chez les sculpteurs comme chez les peintres, une tendance générale à donner aussi plus de mouvement et d'animation à leurs figures par l'étude attentive des réalités vivantes. Cette tendance, excellente lorsqu'elle est dirigée par une imagination saine et qu'elle est contenue par le respect des nécessités décoratives, se manifeste dans les œuvres les plus scrupuleusement fidèles à l'enseignement classique, telles que le beau *Mercure,* de M. Idrac, ou *les Adieux d'Alceste,* de M. Allar, ce groupe admirable, d'une simplicité si noble, d'une émotion si haute, tout plein de l'âme grecque, et les préserve de toutes les froideurs que gardent facilement le marbre ou le plâtre sous des mains moins émues par la nature. Elle atteint son plus haut degré dans la superbe figure de M. de Saint-Marceaux qui a obtenu la médaille d'honneur, figure passionnée qu'agite l'âme hautaine de Michel-Ange traduite par un ciseau savamment fidèle aux enseignements français du XVIIe siècle. Il n'est pas jusqu'aux figures monumentales et colossales, à celles dont la silhouette seule parlera sous le ciel éclatant, que nos sculpteurs ne parviennent à douer d'un mouvement à la fois assez grave pour ne point sembler étrange, et assez décidé pour devenir une expression puissante. Le *Philippe de Girard,* par M. Guillaume, le *François Arago,* par M. Mercié, représentent l'inventeur résigné et le savant enthousiaste avec une noble intensité de vie qui est une exactitude historique en même temps qu'une habileté sculpturale. Le tendre *Saint Vincent de Paul,* de M. Falguière, le bon *Saint Christophe,* de M. Coutan, sont également, sous leurs formes colossales, des saints vivants et communicatifs.

On cherche, cela va de soi, plus de vérité encore dans l'exécution lorsqu'on traite des sujets d'ordre plastique ou d'ordre familier. Est-il possible d'être plus près de la nature, tout en gardant la belle allure sculpturale, que ne le sont M. Chapu avec son *Jeune Garçon,* M. Shœnewerk avec sa *Jeune Femme au matin,* M. Hector Lemaire avec son *Amour maternel,* M. Gautherin avec sa *Clotilde de Surville,* M. Marqueste avec son *Orphée?* Évidemment, ce qui attire nos sculpteurs vers l'étude de l'antiquité hellénique, de la renaissance florentine ou du moyen âge français, c'est, en ce moment, moins le caractère original de force, de grâce, de naïveté, qui s'y peut trouver, que la puissance de vie expressive si variée, si franche, si humaine, qui s'en dégage. Aussi ne doit-on pas s'étonner que, si les maîtres marchent dans cette voie, les élèves s'empressent de les y suivre, et que la plupart des œuvres récompensées l'aient été parce qu'elles joignaient, en effet, à l'étude consciencieuse des formes humaines ce souci précieux du mouvement exact, du geste simple, de la physionomie parlante. A ces préoccupations de l'expression vive et simple correspond, dans la sculpture comme dans la peinture, un abandon progressif des sujets traditionnels empruntés à la mythologie et à l'histoire ancienne pour des sujets plus généraux et plus familiers. Les succès qu'ont obtenus M. Gaudez avec son *Moissonneur*, M. Ferrary avec son *Belluaire*, prouvent que, de ce côté, reste ouverte une voie féconde.

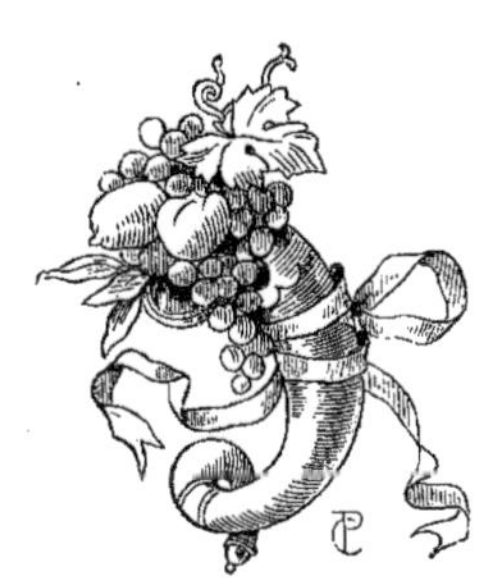

ŒUVRES GRAVÉES

PEINTURE

N° 164. *Saison d'octobre.* — Bastien-Lepage (Jules). Hors concours. — E. U.

H. 2m20. — L. 2m30. — Fig. grandeur naturelle.

Dans un champ nu, d'une platitude triste, que clôt à l'horizon lointain un maigre bouquet d'ormeaux dépouillés et une lourde butte rocheuse, deux filles de la campagne font la récolte des pommes de terre. L'une d'elles, debout au premier plan, de profil, se penche pour les verser, d'une main ferme et attentive, d'un panier d'osier dans un grand sac de toile. Le front est bas, la mâchoire large, la lèvre épaisse. Le type de sa compagne, qui, assise derrière elle à l'arrière-plan, fouille la terre pour en tirer les pommes dont elle emplit son panier, n'est ni moins bestial ni moins vrai. Toutes deux sont en cheveux, vêtues de jupes rayées et de camisoles. Au loin, dans la plaine, travaillent trois paysans.

N° 233. *L'Allée abandonnée.* — Bernier (Camille). Hors concours. — E. U.

H. 2m50. — L. 3m60.

En pleine futaie, verdoyante et feuillue, de hêtres et de frênes, une large allée, envahie par les herbes et les ronces, semée de flaques d'eau, bossuée de grosses pierres, s'enfonce sous les hauts branchages qui se rejoignent, ne laissant glisser que par d'étroites trouées le chaud soleil d'été. A gauche, sous les arbres, deux chevaux blancs en liberté, dont l'un s'abreuve. Sur le premier plan, de grosses touffes d'ajoncs et des fragments de roches.

N° 1473. *Laghouat (Sahara algérien).* — GUILLAUMET (Gustave). Hors concours.

H. 1m70. — L. 2m25.

Une place de ville arabe sur une hauteur doucement enveloppée par la lumière grise d'un crépuscule tranquille. A gauche, au pied d'une rangée de maisons à toits plats, percées de petites portes, se reposent étendus, assis ou debout, des Arabes avec leurs femmes et leurs enfants. Au premier plan, à droite, sur le terrain inégal, des enfants encapuchonnés jouent aux osselets. Au fond se dresse, dans une échancrure du sol, la pointe d'une tour carrée. A droite, des rochers.

SCULPTURE

N° 5352. *Génie gardant le secret de la tombe.* — SAINT-MARCEAUX (René de). Hors concours. — E. U.

H. 1m70. — L. 1m. — Pr. 1m20.

A demi assis de travers sur un socle carré, la jambe gauche en saillie, la jambe droite tombante et vivement tendue, un homme nu, aux muscles accentués, se retourne brusquement et embrasse d'un geste fier, comme pour la défendre contre une attaque subite, une grosse urne posée à sa gauche. Sa tête hautaine, qu'il tient redressée à droite, tête étrange, aux lèvres fortes et dédaigneuses, aux yeux hardis, au front provocant, est enveloppée d'une ample draperie que retient une couronne de cyprès. Cette draperie, violemment agitée par le mouvement du corps, flotte sur le dos du Génie et revient, par-dessus le socle, retomber entre ses jambes.

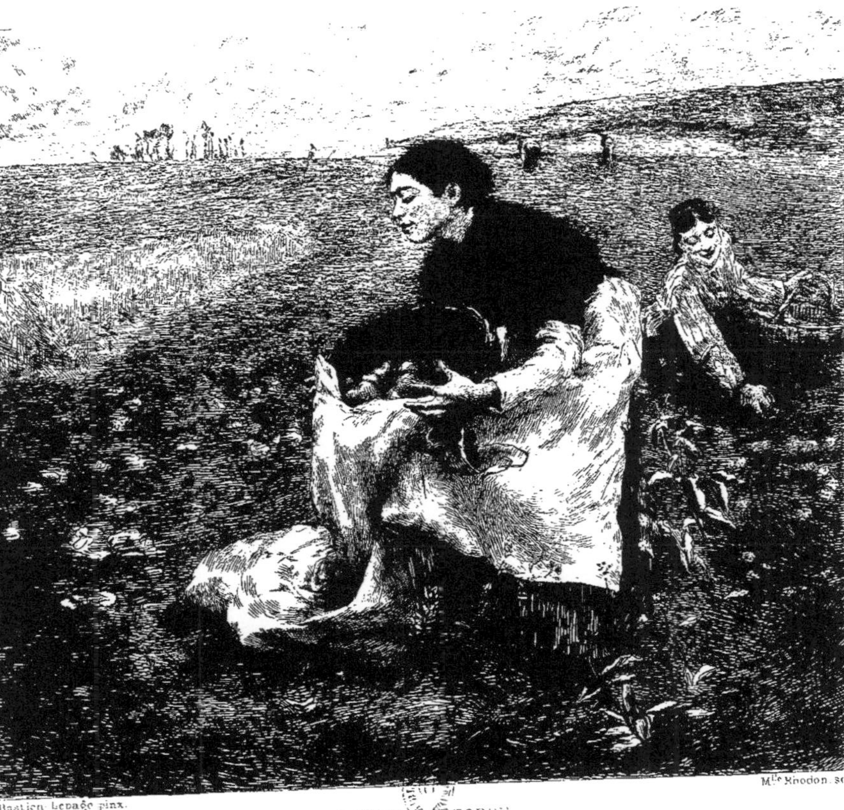

Bastien-Lepage pinx. Mlle Rhodon sc.

SAISON D'OCTOBRE

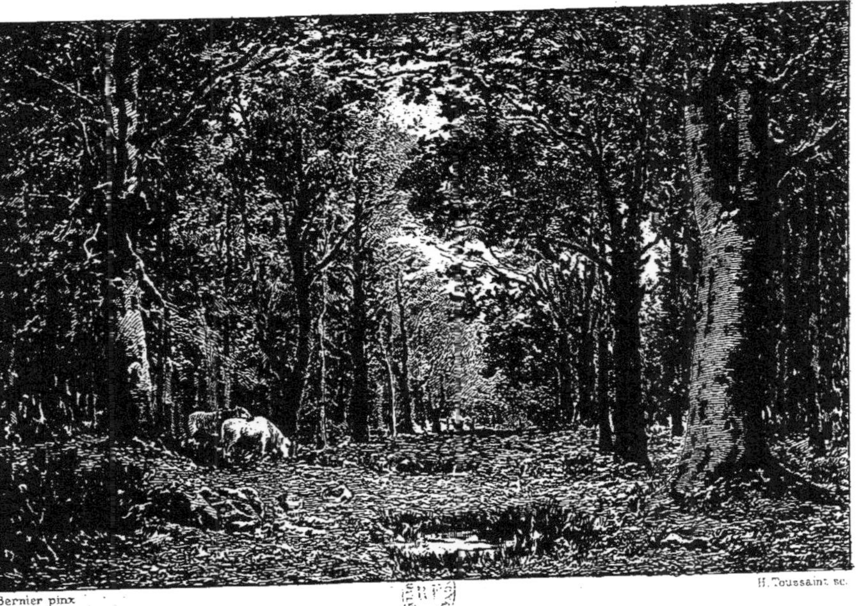

C. Bernier pinx — H. Toussaint sc.

L'ALLÉE ABANDONNÉE

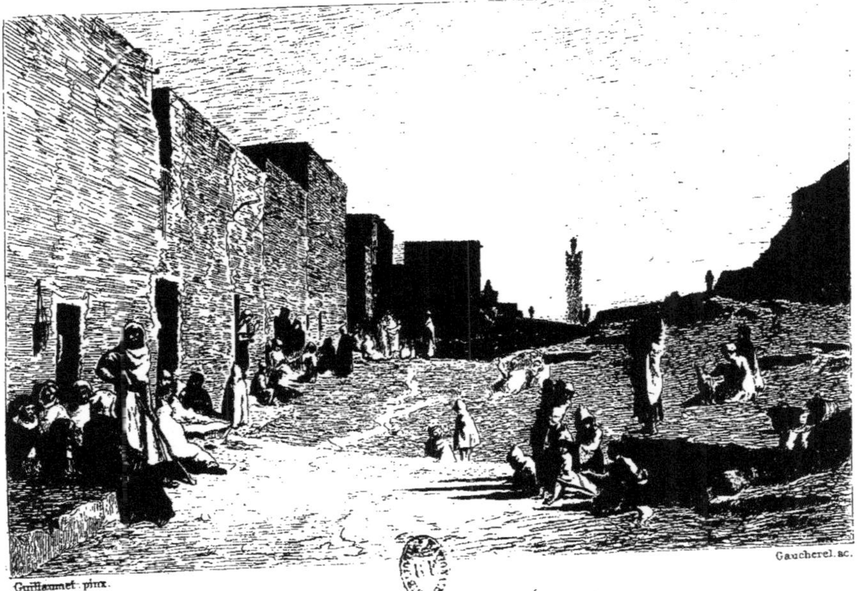

Guillaumet pinx. Gaucherel sc.

LAGHOUAT (SAHARA ALGÉRIEN)

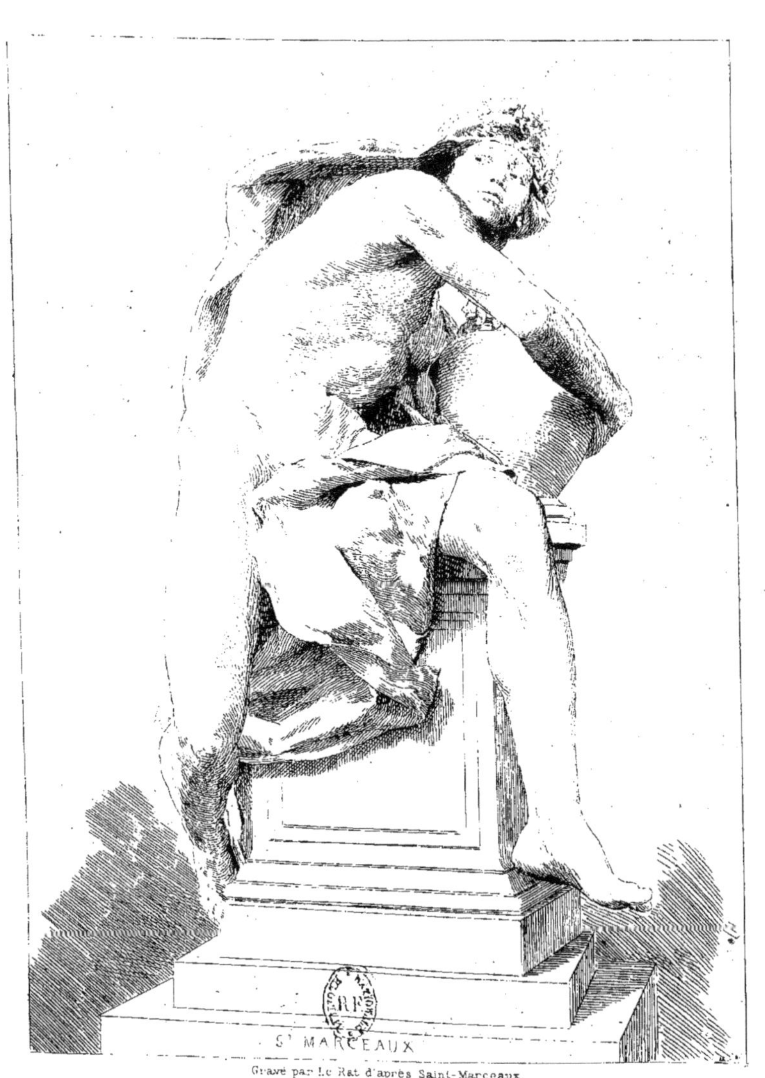

Gravé par Le Rat d'après Saint-Marceaux.

GÉNIE GARDANT LE SECRET DE LA TOMBE
(Marbre)

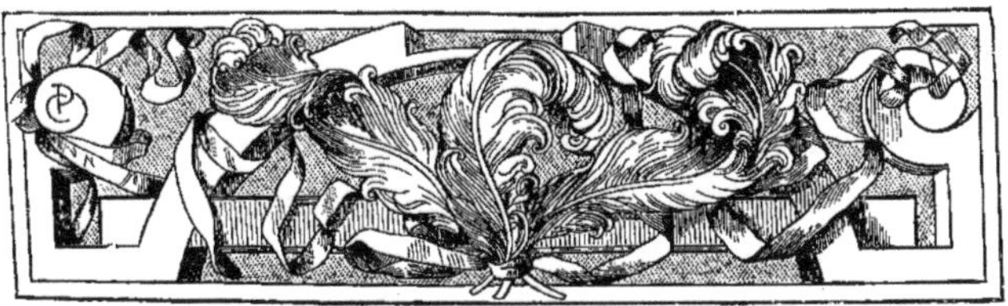

Salon de 1880

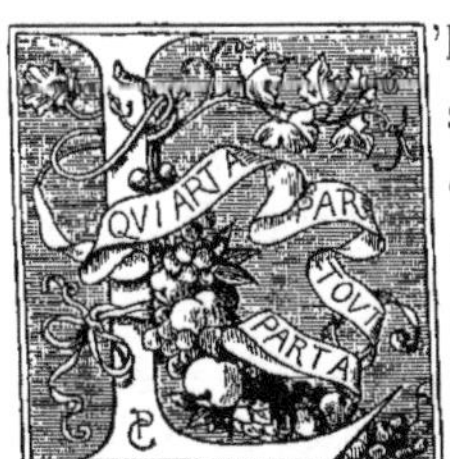

L'Exposition annuelle de 1880, qu'on ne saurait, sans mentir, appeler un Salon, comprenait *sept mille trois cent onze* ouvrages. Sur le total énorme de 9,283 objets que les artistes avaient soumis à son examen, le jury, plus indulgent que jamais, n'en avait écarté que 1,972. La section de peinture seule contenait 977 numéros de plus qu'en 1879, 1,998 de plus qu'en 1875, sans parler des cartons, dessins et émaux, qui ont atteint le chiffre de 2,092 au lieu du chiffre de 808, déjà regardé comme considérable en 1875. La section de sculpture, bien plus réservée, n'a augmenté son contingent que de 20 pièces. L'insignifiante différence dans le nombre des envois et des admissions semble y prouver à la fois que les sculpteurs s'improvisent moins légèrement que les peintres, et que, dans cette section, les artistes à qui leurs confrères ont confié la mission délicate de les classer sont moins décidés que leurs voisins à lâcher toutes les écluses devant les flots troublés de la production grossissante.

On se souviendra longtemps des orages de parole et d'écriture que soulevèrent l'application du nouveau règlement et l'installation laborieuse de cette multitude imprévue dans un palais trop étroit pour la recevoir. Bien ou mal, tout le monde à la fin se casa; les gens d'humeur facile et de jambes solides purent même s'imaginer un instant que le génie de la peinture allait prendre en France un essor nouveau. Pour qui regarde avec sang-froid cet envahissement de la toile peinte, il est clair cependant que le mouvement auquel nous assistons n'a point, en général, pour principe une aspiration fervente et passionnée vers une forme nouvelle du beau, comme celle qui anima la génération de 1830. Le groupe des vrais artistes, de ceux qui poursuivent avec désintéressement la réalisation d'une pensée sincère et élevée, semble au contraire se resserrer plus que jamais, tandis qu'à ses côtés se forment, dans des conditions nouvelles, deux groupes plus importants, que la facilité des communications internationales et le développement du bien-être matériel grossiront de jour en jour. Le premier est celui des esprits avisés et pratiques qui voient désormais dans la peinture un moyen plus rapide, plus facile, plus agréable que mille autres, de s'enrichir et de se pousser dans le monde: ceux-ci se font d'avance les esclaves des clients qu'ils ont à servir au gré de leurs caprices, et se condamnent à n'être que des imitateurs et des pasticheurs. Le second est celui des gens de loisir, pour lesquels la peinture devient un passe-temps intelligent et de bon goût, qui peut même les mener, s'ils ont quelque persistance, à se faire une renommée aussi méritée que celle des peintres-marchands. De ces deux groupes, çà et là, sortiront assurément quelques artistes originaux, soit qu'ils s'élèvent, par tempérament, au-dessus de leur entourage, soit qu'ils rompent, par volonté, avec leurs habitudes; mais ils n'y sont et n'y seront que des exceptions. Les conséquences immédiates et rapides de cette vulgarisation excessive de la peinture se font sentir dès aujourd'hui : c'est l'abaissement du goût en même temps que son expansion, c'est l'abandon en masse de l'art convaincu, réfléchi, durable, pour la recherche hâtive de procédés faciles dont la mode est changeante autant que celle des toilettes.

Il n'y a ni à s'étonner ni à se plaindre d'une situation qui résulte naturellement des modifications de l'état social. C'est la preuve, en somme, du développement, dans une plus grande masse, d'aspirations encore confuses ou grossières, mais toujours respectables, vers les plaisirs de l'esprit et les jouissances de l'art. Toutefois il est certain que la tâche des artistes dignes de ce nom ne se trouvera pas simplifiée par cette formidable concurrence. Pour développer, pour montrer, pour défendre leur individualité au milieu de cette mer montante de vulgarités applaudies et de médiocrités triomphantes, il leur faudra cent fois plus de travail, de patience, de persévérance, qu'il n'en fallait à leurs aînés vivant avec modestie dans un cercle restreint de connaisseurs, où les encouragements et les dévouements faisaient rarement défaut aux esprits distingués.

Ce petit groupe, dont les efforts seront toujours intéressants à suivre à travers le mouvement flottant des expositions annuelles, se subdivise lui-même en deux camps. Tandis que les uns, respectueux du passé et fidèles aux enseignements de l'Antiquité et de la Renaissance, s'obstinent fièrement à maintenir le sentiment de l'héroïsme et de la beauté dans un monde de plus en plus enchaîné à ses intérêts matériels, les autres, moins passionnés ou plus prudents, s'en tiennent à cette étude vigoureuse ou spirituelle de la réalité environnante, qui, après avoir été un amusement délicat pour les contemporains, devient un enseignement précieux pour la postérité. Tant que durera l'activité de ces deux groupes, dont les tendances, en apparence contradictoires, correspondent à deux éternels besoins de l'esprit humain, le besoin d'idéal et le besoin de vérité, on peut être certain que l'art se maintiendra à un niveau assez élevé, tant pour la pratique que pour la conception. Il n'en serait pas de même si l'une de ces deux écoles, dont l'émulation nécessaire est moins une rivalité qu'une alliance, venait à disparaître complètement. Quelles que soient d'ailleurs les alternatives de popularité ou d'indifférence par lesquelles elles doivent passer l'une et l'autre, suivant le temps, les régimes ou les mœurs, un pareil danger n'est point à craindre en France. La versatilité apparente de nos opinions y suit une marche à peu près fatale, qui ramène périodiquement des exaltations semblables et de semblables affaissements.

En ce moment, c'est le naturalisme qui tient la tête. L'Exposition de 1880 a montré, mieux encore que les précédentes, les peintres qu'emporte en grande masse le courant réaliste, préoccupés, avant tout, de l'exactitude du rendu et de l'exécution du morceau. Le jury, suivant l'entraînement général, n'a pas marchandé les récompenses aux jeunes artistes qui marchent avec talent dans cette voie, où quelques-uns ont, en effet, rencontré des nouveautés heureuses. Parmi les médaillés de première classe, il en est un, M. Dagnan-Bouveret, qui, joignant à la vérité du relief un dessin d'une rare vivacité et d'une pénétration intense, en même temps qu'une science déjà sûre de la composition, promet de prendre le premier rang parmi nos peintres de genre. Deux autres, MM. Lerolle et Cazin, apportent de leur côté, dans leurs traductions libres et émues de la réalité, une délicatesse d'imagination qui fait pressentir en eux d'harmonieux décorateurs et des poètes attachants qui peuvent rajeunir les traditions d'un art plus élevé.

Dans les catégories suivantes, le jury semble avoir également voulu faire la part égale aux deux tendances d'esprit. Si les naturalistes y dominent, c'est qu'en effet ils dominaient à l'Exposition par le nombre comme par la qualité. Les récompenses étaient trop nombreuses d'ailleurs pour qu'on pût ne les attribuer qu'à des chefs-d'œuvre. Ces médailles de 2e et de 3e classe, répandues avec tant de profusion, ne peuvent être d'infaillibles brevets d'immortalité. Toutefois elles ont servi à signaler, dans le nombre, quelques jeunes gens d'un talent vraiment distingué, comme MM. Dantan, Leblant, Renouf, Lhermitte, Ballavoine, Julien Dupré, Gœneutte, G. Laugée, Salomé, etc., qui apportent un sentiment individuel, parfois très vif et toujours sincère, dans la traduction de la réalité. Quelques autres, d'une ambition plus étendue, montrent des aspirations plus complexes, déjà servies par une science réfléchie, tels que MM. Besnard, Courtois, Ravaut, etc. La section des *Exempts,* à laquelle appartenaient la plupart de ceux qui ont obtenu la première et la seconde récompense, offrait d'ailleurs le spectacle de l'émulation la plus active; presque toutes les toiles y étaient intéressantes. Dans les artistes appartenant à cette catégorie très militante qui n'ont pas été récompensés, il faut signaler, comme ayant été accueillis par le public avec une sympathie méritée, parmi les peintres d'histoire: MM. Aviat, Moreau de Tours, Mathey, Weertz, Aublet; parmi les peintres de genre, de paysage, de fleurs ou de nature morte: MM. Butin, Poirson, Jeannin, Delanoy, Laboulaye. Leurs tableaux, dont quelques-uns étaient brillants, dénotaient l'amour de bien peindre sans préoccupation d'une école spéciale et sans parti pris pour un système exclusif; ce qui reste, après tout, la meilleure façon de montrer ce qu'on sait et de dire ce qu'on pense.

C'est dans la section des *Hors concours* qu'on doit s'attendre à rencontrer les entreprises les plus sérieuses, puisqu'elle ne renferme que des talents mûris par l'expérience, à qui leurs succès antérieurs assurent une indépendance complète. La toile la plus importante qu'on y ait admirée, grande par les dimensions, grande par la pensée, grande par l'exécution, est le carton de M. Puvis de Chavannes destiné à compléter la décoration du musée d'Amiens, où figurent déjà ses compositions héroïques, *la Paix* et *la Guerre*. M. Puvis de Chavannes poursuit avec énergie et dignité la tâche qu'il s'est de bonne heure imposée. Si le goût du grand art décoratif et monumental commence à se relever dans notre pays, nul dans la génération nouvelle n'y aura contribué plus puissamment que lui. Comme il a été à la peine, il sera à l'honneur, car son influence, essentiellement saine et féconde, se répand avec rapidité.

Parmi les récompensés, les meilleurs se rattachent à lui par un goût délicat et nouveau des ordonnances simples, des attitudes naturelles, des expressions justes, des harmonies calmes. Les peintres de genre aussi bien que les peintres d'histoire ont compris avec lui cette vérité, banale chez les Grecs antiques et les Italiens de la Renaissance : dans une œuvre d'art, la qualité première, la qualité essentielle, la qualité indispensable, c'est l'expression d'ensemble ; aucune perfection du détail ne remplace cette expression, qui vaut mieux elle seule que toutes les habiletés. La preuve de cette vérité éclate dans ces ouvrages imparfaits mais convaincus des écoles primitives, qui conservent à travers les temps une force si puissante de communication, tandis que tant d'ouvrages savants des époques raffinées demeurent muets pour la postérité. Cependant cette vérité a failli être oubliée; ce sera la gloire de M. Puvis de Chavannes de l'avoir courageusement remise en lumière, en exagérant quelquefois ses conséquences afin de la faire mieux sentir. L'école contemporaine, dans son ensemble, est trop poussée par les tendances de son entourage et le goût général du public vers l'exactitude du rendu pour qu'on ait à craindre de voir l'imperfection du dessin, justement reprochée parfois à M. Puvis, passer en système chez ceux qui le suivront. Le petit clan dit des *impressionnistes,* qui se rattache en effet à lui, et dont le principe, accepté d'ailleurs par toute la jeune école, est en lui-même excellent, sans être neuf ni suffisant, a essayé de tromper les yeux, et n'y a pas réussi. Tous ceux qui valent quelque chose, dans ce groupe paradoxal, s'en échappent naturellement ; il suffit pour cela qu'ils se développent et se complètent : ils deviennent alors de bons peintres comme les autres.

En face du grand carton de M. Puvis de Chavannes se développait une autre composition importante, due à un artiste plus jeune, le *Caïn* de M. Cormon, qu'anime également un souffle puissant de poésie héroïque. Une mise en scène naturelle et expressive, des figures savamment et résolument caractérisées, un effet d'ensemble dramatique et harmonieux, y montrent un peintre résolu à reprendre les grandes traditions françaises et à traiter complètement et profondément les sujets qu'il choisira. L'exemple était bon à donner dans un moment où le goût du morceau isolé, du morceau de bravoure, est entretenu, non sans danger, dans le public par le talent hors ligne de quelques virtuoses admirables qui, tout en maintenant par leurs études le sens de la belle et bonne peinture, désaccoutument beaucoup trop l'imagination des conceptions réfléchies et des compositions expressives. Le jury, en accordant la médaille d'honneur à M. Morot, a voulu récompenser justement le mérite, aujourd'hui si rare, autrefois si commun, d'un homme qui sait grouper naturellement deux figures ensemble, qui les modèle et qui les peint toutes deux avec la même perfection, sans tomber dans les redites fastidieuses des ordonnances conventionnelles.

Là, en effet, est l'écueil pour les peintres qui se préoccupent de la composition. La plupart des sujets ont été traités tant de fois et de si diverses façons par la peinture, la gravure, le dessin, qu'il est difficile de les rajeunir dans une présentation nouvelle. Comment ne pas retomber dans les groupements, les attitudes, les expressions, déjà connus, qui hantent, quoi qu'on en ait, la mémoire la plus défiante ? On peut donc comprendre le parti résolument pris par quelques-uns de ne jamais s'aventurer hors de l'observation directe et de l'étude immédiate de la nature, pour ne pas s'exposer aux chutes faciles dans la banalité, mais on ne peut croire qu'ils déploient ainsi le courage propre aux grands artistes. Les meilleurs ouvrages de la section des *Hors concours*, ceux qui sont hors de discussion : le *Job*, par M. Bonnat ; *le Sommeil* et *la Fontaine*, par M. Henner ; le *Portrait de M. P.*, par M. Jules Lefebvre, fixent nettement le niveau le plus élevé de perfection technique que l'école contemporaine puisse ou veuille atteindre, et qu'elle doit s'efforcer de garder. Ce ne sont pourtant que de superbes phrases, mélodiques ou harmoniques, qui ne remplacent point des symphonies complètes.

Dans un pays comme la France, dont le tempérament, au fond, est plus littéraire que pittoresque, où le goût des arts est presque partout le résultat d'une culture ancienne ou récente plus que la manifestation spontanée d'un besoin naturel, la composition sera toujours, aux yeux du public, une nécessité des plus légitimes. De là le succès qui s'adresse toujours aux scènes dramatiques et émouvantes, même lorsque l'ordonnance en est banale et l'expression factice, même lorsque l'exécution technique s'y montre de la plus déplorable infériorité. Rien ne changera, sur ce point, nos tendances nationales, qui sont conformes à notre génie dans tous les autres ordres de l'activité intellectuelle, et qui nous assurent d'ailleurs, à notre tour, une originalité moins éclatante, mais plus durable, dans le domaine de l'art. Le problème qui se pose devant chaque génération de peintres est toujours le même ; chaque génération est forcée de le résoudre de la même façon. En France, il ne faut pas seulement bien peindre, il faut encore être un homme de pensée ou un homme d'esprit, il faut parler à l'intelligence en même temps qu'aux yeux. Grâce à ce double besoin, si nous n'avons jamais assisté à ces grandes floraisons resplendissantes qu'ont connues des races plus passionnées et moins équilibrées, nous ne sommes jamais non plus, depuis la Renaissance, tombés en des chutes profondes. Nos décadences éphémères ont été encore pour l'Europe des récréations délicates et des enseignements utiles.

L'Exposition de 1880, tout en laissant constater encore, même chez les plus habiles, un certain embarras lorsqu'il s'agit de grouper plusieurs figures dans une action expressive et naturelle, sans répéter des attitudes académiques, a montré cependant que tous n'abandonnent pas la partie. Aux noms que nous avons enregistrés en première ligne, ceux de MM. Bastien-Lepage, Bouguereau, Cabanel, Laugée, Leloir, Luminais, Gustave Moreau, Ranvier, Roll, etc., nous devons en ajouter quelques autres. On n'oubliera certainement ni l'*École des Vestales,* de M. Hector Leroux; ni *les Derniers Rebelles,* de M. Benjamin-Constant ; ni le *Renaud de Bourgogne,* de M. Maignan ; ni *la Musique,* de M. Raphaël Collin; ni le *Menuet,* de M. Jacquet; ni *le Printemps,* de M. Parrot ; ni la *Sainte Élisabeth,* ni le *Dante,* de M. Sautai; ni la *Salomé,* de M. Humbert. Dans la peinture de genre, M. Worms (*Devant l'Alcade*), M. Gros (*Pergolèse dans l'atelier de Joseph Vernet*), M. Adrien Moreau (*Une Halte, le Centenaire*), ont également fait des envois dignes de leur spirituel talent.

Il va sans dire, avec le goût décidé des peintres pour les études d'après nature, que les *portraitistes* intéressants et les *paysagistes* attachants ont été fort nombreux aussi. Les portraits du *Général de Gallifet,* par M. Becker ; du *Général Salvador,* par M. Lecomte de Nouy; de M. *Auguste Vacquerie,* par Léon Glaize; de M. *Lepère,* par M. Feyen-Perrin; de M. *Constans,* par M. Ponsan-Debat; de M. *Clémenceau,* par M. Bin, n'avaient point comme unique attrait celui de représenter des personnages connus. Il faut inscrire aussi parmi les plus fins portraits les délicates études de MM. Paul Dubois et Jules Breton. Parmi les paysagistes, on ne pourrait sans injustice passer sous silence les *Champs à Coubron,* de M. Segé ; le *Souvenir de Lardy,* de M. Lavieille; le *Retour de chasse,* de M. Harpignies; *le Flon à Massignieu,* de M. Zuber ; *le Luisant* et le *Parc de Ménars,* de M. Lansyer; le *Retour du troupeau,* de M. de Vuillefroy.

La sculpture, qui a paru, dans son ensemble, moins brillante que les années précédentes, n'inspire néanmoins aucune inquiétude à ceux qui ont examiné de près son exposition. Sans parler des artistes en pleine renommée qui ont envoyé des statues en marbre ou en bronze dignes de leur passé, ou des modèles qui promettent des œuvres excellentes, tels que : MM. Thomas, Chapu, Falguière, Barrias, Lafrance, Tony-Noël, on a remarqué qu'un grand nombre de médailles ont été accordées à des débutants qui comprennent leur art avec un sentiment très marqué de la puissance décorative et de l'expression plastique. MM. Lanson, Paris, Louis Lefèvre, Enderlin, Longepied, Plé, Vital Cornu, Beylard, Pezieux, en particulier, nous paraissent marcher dans une voie où ils rencontreront, avec le souvenir et l'appui de nos traditions nationales, la sympathie du public contemporain.

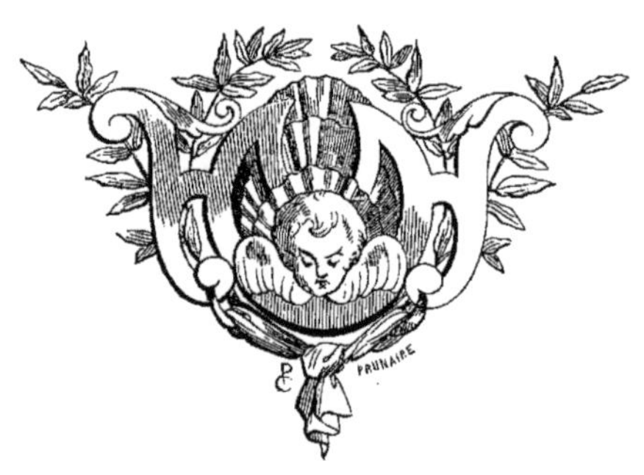

ŒUVRES GRAVÉES

PEINTURE

N° 395. *Job.* — BONNAT (Léon). Hors concours.

H. 1m62. — L. 1m30. — Fig. grandeur naturelle.

Job est assis de face, les jambes repliées, dans une grotte, les deux bras ouverts, levant vers le ciel sa tête pâle à longue barbe blanche et ses yeux éraillés. Tout son corps décharné, où les muscles et les veines s'enlèvent en âpres saillies, éclate sous une lumière intense, au milieu de l'ombre des fonds.

N° 970. *Un Coin d'atelier.* — DANTAN (Joseph-Édouard). Médaille de deuxième classe. — E. U.

H. 0m98. — L. 1m30.

Monté sur une caisse, un vieux sculpteur, qu'on voit de dos, en vareuse brune, en casquette, en pantoufles, travaille avec attention à un bas-relief de marbre blanc placé sur une selle presque de face, et représentant une marche de Silène. A sa droite, au premier plan, une jeune femme nue jusqu'à mi-corps, assise, les bras sur les genoux, le regarde travailler. Sur une table, une tasse à café, des bouteilles, des petits verres. La muraille blanche, au fond, est couverte de moulages et de maquettes. Tout est clair dans l'atelier silencieux et rempli d'une lumière tranquille répandue également sur les accessoires et sur les figures.

ACQUIS PAR L'ÉTAT.

N° 2736. *Le Bon Samaritain.* — MOROT (Aimé-Nicolas). Hors concours. Médaille d'honneur. — E. U.

H. 3m60. — L. 2m05. — Fig. grandeur naturelle.

Un chemin pierreux entre des rocs abrupts et nus qui ne laissent rien voir du ciel. Sur un âne noir, sellé d'un tapis d'Orient, qui descend de face, est assis, nu et blanc, le front saignant et bandé, le blessé que le Samaritain vient d'y placer. Il s'affaisse lourdement à gauche sur les épaules de son bienfaiteur, qui le soutient péniblement en cheminant près de l'âne, qu'il mène comme il peut. Le Samaritain ne porte qu'une ceinture bleue et montre à nu les chairs hâlées de sa tête grisonnante et ridée, de sa poitrine musculeuse, de ses jambes gonflées. Sur le devant quelques flaques d'eau dans les pierres.

SCULPTURE

N° 6686. *Biblis changée en source.* — SUCHETET (Auguste). Médaille de deuxième classe. Prix du Salon. — E. U.

H. 0m65. — L. 1m72.

Statue en plâtre. — Fig. grandeur naturelle.

La nymphe, toute nue, est étendue sur le sol, les jambes croisées, les deux bras en avant, les mains jointes, affaissée sur le côté droit. Sa tête tombe, ses cheveux flottent, ses yeux se ferment. Son attitude exprime l'abandon douloureux de tout son corps.

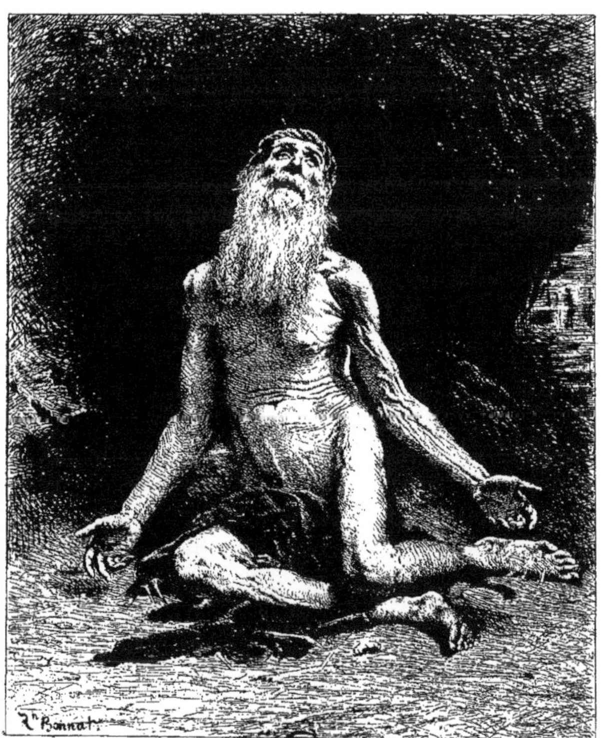

L. Bonnat pinx. Damman sc.

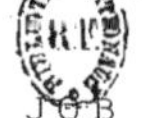

JOB

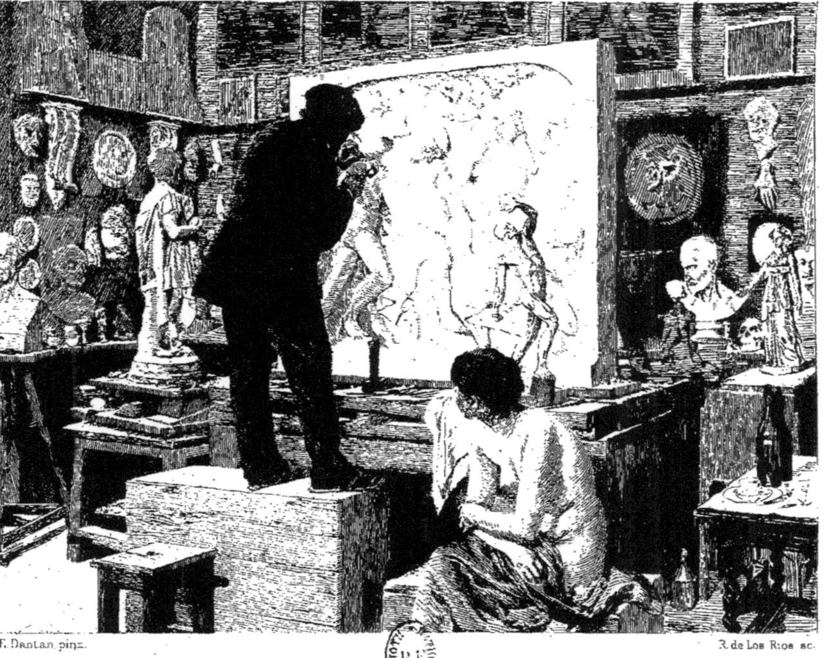

J. F. Dantan pinx. R. de Los Rios sc.

UN COIN D'ATELIER

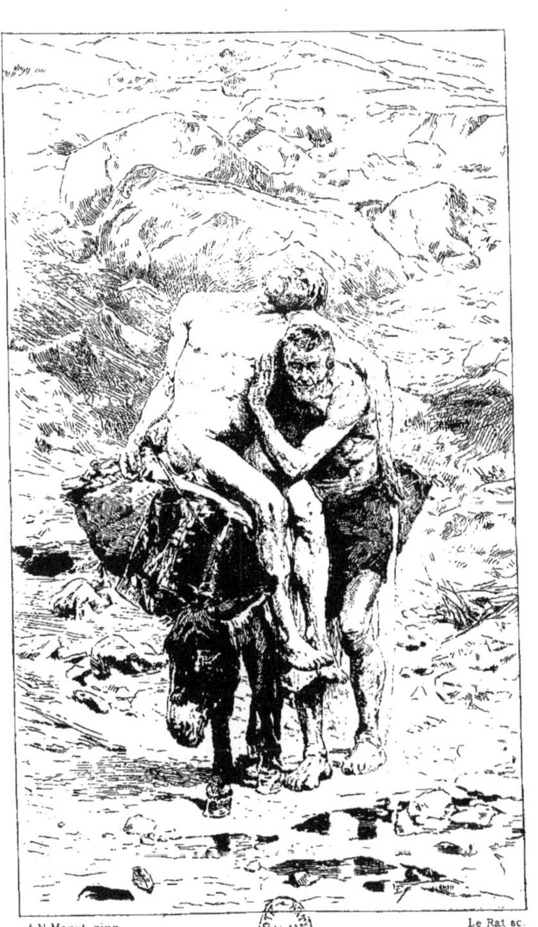

A.N Morot pinx. Le Rat sc.

LE BON SAMARITAIN.

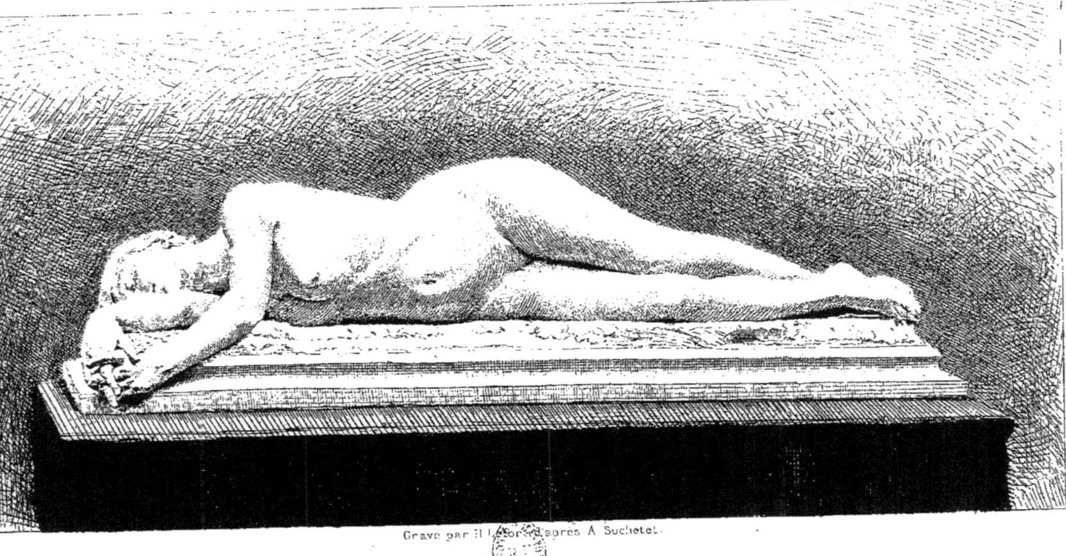

Gravé par H. Toussaint d'après A. Suchetet.

BIBLIS CHANGÉE EN SOURCE.

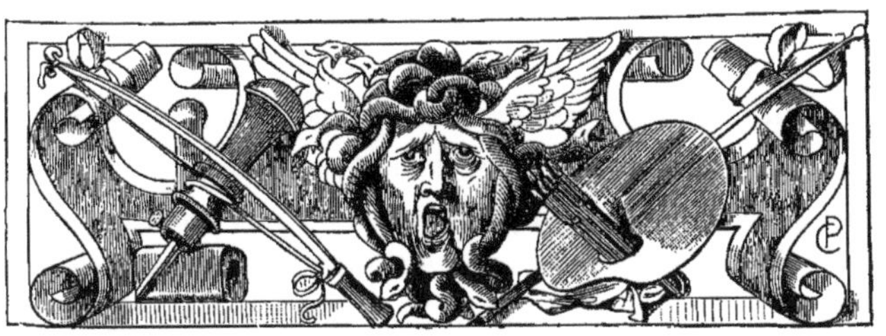

Salon de 1881

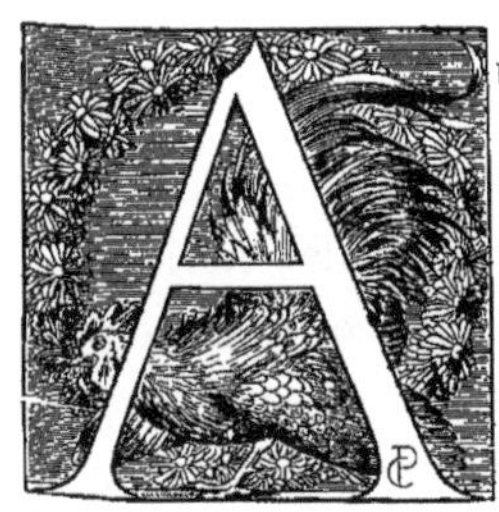

Au train dont marchaient les choses, il était facile de prévoir que l'État renoncerait un jour à assumer la responsabilité des expositions annuelles, qu'il ne dirigeait déjà plus qu'en apparence. Les artistes, en prenant chaque année une part plus directe aux opérations du jury et une action plus grande sur la confection des règlements, s'exerçaient insensiblement à ressaisir l'usage d'une liberté que l'Administration leur avait d'ailleurs, à plusieurs reprises, spontanément offerte. Le Salon de 1880 fit éclater à tous les yeux l'impossibilité pour le ministère d'organiser un Salon de choix, d'un caractère instructif, par l'intermédiaire de la corporation des artistes, s'il n'en prenait résolument la direction effective. La question était donc mûre quand le Conseil supérieur des Beaux-Arts se réunit, pour l'étudier, au mois de

4

novembre 1880. Après plusieurs séances intéressantes, dans lesquelles furent déterminés les vrais principes qui doivent régler les rapports des artistes avec l'État, le Conseil proposa au ministre de prendre une décision qui rétablirait sur ce point l'ordre depuis longtemps troublé : d'une part, le Gouvernement laisserait dorénavant aux artistes le soin d'organiser, librement et à leurs risques, les expositions annuelles, où une large place doit être faite à des intérêts légitimes qu'eux seuls peuvent bien connaître ; d'autre part, il accomplirait lui-même plus résolument le devoir qui lui incombe, comme éducateur public et comme protecteur des hautes activités intellectuelles, en organisant périodiquement, sous son entière responsabilité, de grands concours nationaux ou internationaux dans lesquels la réunion des chefs-d'œuvre de l'art contemporain permettrait au public de constater solennellement les progrès ou les affaiblissements du génie français, de comparer, de contrôler, de confirmer les gloires anciennes ou nouvelles, devant un ensemble de travaux assez important pour que son imagination en pût être frappée, sa critique affermie, son goût développé.

C'est pour se conformer déjà au premier des vœux émis par le Conseil que M. le sous-secrétaire d'État invita tous les artistes français ayant exposé une fois à élire un comité dépositaire de leurs pouvoirs, et que, le 19 janvier 1881, il donna lecture à ce comité d'une déclaration par laquelle le ministre lui remettait la gestion du Salon. Afin de faciliter aux artistes l'exercice, nouveau pour eux, de cette entière liberté, afin d'affirmer en même temps le bienveillant intérêt que le Gouvernement portait à leur entreprise, le ministre mettait à leur disposition, pour cette année, le local ordinaire des expositions dans le palais des Champs-Élysées, et leur assurait le concours d'une partie de son personnel. L'expérience ne tarda pas à prouver qu'on n'avait point trop préjugé des artistes français en les croyant capables de bien gérer leurs affaires.

L'Exposition, ouverte avec éclat et plus fréquentée que jamais, laissa aux mains du Comité un bénéfice considérable (130,000 francs), qui servira vraisemblablement de premier fonds à la corporation pour s'organiser définitivement en société permanente et indépendante.

Les conséquences de la gestion directe des artistes, pour l'admission et pour les récompenses, ont apparu dès cette année, comme il était facile de le prévoir. D'un côté, le chiffre des admissions, notablement inférieur à celui de 1880, est resté forcément encore fort élevé (5,005 numéros), car les artistes chargés par leurs confrères de la défense de leurs intérêts collectifs ne sauraient, sans manquer à leur mandat, leur interdire, à moins de nécessité patente, l'accès du jugement public. D'autre part, pendant que le vote des récompenses supérieures, les *Médailles d'honneur*, était confié au collège entier des artistes exposants, les récompenses inférieures, déjà si nombreuses, devaient être augmentées encore (62 mentions honorables dans la peinture, au lieu de 40) par les mêmes raisons, afin de donner satisfaction au plus grand nombre. Le ministre, de son côté, constatait avec la même franchise sa résolution de garder, sur le mouvement de l'art, l'action qui lui est confiée par les Chambres, en créant, à côté du *Prix du Salon,* huit *Bourses de voyage,* décernées, cette fois, sous sa responsabilité, et en acquérant, dans des proportions plus grandes, pour les musées nationaux et départementaux, une partie des ouvrages exposés. Désormais la liberté de l'État demeure donc entière comme la liberté des artistes ; et si chacune des parties apporte avec une confiance mutuelle, dans l'accomplissement de sa tâche, de l'activité et de la résolution, on peut espérer que leur concurrence vers un but commun ne sera pas inutile au relèvement de l'art français.

A moins de fermer volontairement les yeux ou d'être aveuglé par un dangereux patriotisme, on ne saurait, en effet, se dissimuler que l'art français, jusqu'à présent sans rival, commence à courir de sérieux dangers. L'imagination et la science baissent chaque année, chez nous, d'une façon sensible, tandis qu'elles tendent à s'élever chez les étrangers. Ce n'est point une raison de nous rassurer que la plupart de ces étrangers viennent chez nous recevoir leur instruction. L'histoire des arts prouve que c'est presque toujours dans la décadence d'une école voisine que les nations trouvent leurs éléments de régénération. L'influence utile de l'Italie, des Flandres, des Pays-Bas, ne s'est pas exercée sur les artistes français à l'heure où vivaient leurs grands maîtres ; si Poussin avait été le contemporain de Raphaël, Delacroix le contemporain de Rubens, Théodore Rousseau le contemporain de Ruisdael, il est probable que, trop directement émus et trop profondément troublés par ces actifs génies, ils eussent moins complètement compris et moins librement développé leurs principes dans le sens de l'originalité nationale. Sommes-nous à la veille de voir se reproduire, en sens inverse, une évolution semblable dans le vieux et dans le nouveau monde ? Allons-nous assister à un réveil général des écoles étrangères sous l'impulsion tardive et prolongée des maîtres français de la dernière génération, tandis que leur souvenir ira s'effaçant de plus en plus dans leur propre pays ? Il nous est encore impossible de le croire. L'avance que nous avons prise depuis un siècle est trop considérable pour que nous n'ayons pas le temps de nous raffermir et de nous recueillir, si nous le voulons bien. Toutefois, il est grand temps de le vouloir : car les cruelles surprises qui nous ont déjà déroutés, dans la guerre et dans l'industrie, nous pourraient bien attendre sur le champ des beaux-arts.

Le jury des artistes, si disposé qu'il fût à l'indulgence, a dû reconnaître l'infériorité de l'exposition, en renonçant à donner des premières médailles pour la peinture. Aucun ouvrage, parmi ceux qu'envoyaient les jeunes artistes, ne lui a paru, avec juste raison, soit par la force du dessin, soit par la grandeur de la composition, soit par la richesse de l'exécution, soit par l'originalité de l'invention, mériter cette distinction supérieure. Il a dû, pour la distribution même des secondes médailles, se montrer d'une bienveillance extrême et récompenser aussi souvent de bonnes intentions que de bons ouvrages. *Le Cierge*, par M. Chartran; le *Samson et Dalila,* par M. Comerre; *la Mort d'Agrippine*, par M. Rixens; l'*Atala,* par M. Nonclercq, sont, sans nul doute, des œuvres sérieuses, poursuivies avec volonté, achevées avec conscience; mais on ne laisse pas d'être effrayé lorsqu'on se trouve obligé de constater chez les lauréats les plus brillants de l'École des beaux-arts une science des formes si incertaine et une originalité d'observation si médiocre. La grande toile de *Patrie*, par M. Georges Bertrand, est sortie d'une généreuse et noble inspiration; toutefois les dessous n'en semblent pas aussi fermes que l'apparence : il faut attendre le jeune artiste à une seconde épreuve pour juger ses qualités de peintre et de dessinateur. Quant aux tableaux rustiques de MM. Julien Dupré (*la Récolte des foins*), Beauverie (*la Cueillette des pois*), Jourdain (*le Halage*), Dameron (*Cabane de bûcherons*), Guillou (*le Dernier Marin du Vengeur*), ce sont certainement d'agréables ou touchantes paysanneries ; il serait pourtant difficile d'y trouver, soit dans l'observation, soit dans le mouvement, soit dans l'ordonnance, soit dans la couleur, un accent décisif qui dénote des personnalités indépendantes s'apprêtant à agrandir le champ ouvert par Millet, Courbet et Jules Breton.

Le goût du public est de plus en plus porté à ces études simples d'après la vie quotidienne dans les villes et dans les campagnes. Excellente condition pour que les artistes se fortifient, s'assainissent, se renouvellent, par l'observation directe et constante de la nature! Mais encore faut-il qu'ils apportent à cette observation des études préalables, une intelligence élevée, une complète sincérité. Sous prétexte de naturalisme, malheureusement un grand nombre de peintres qui s'adonnent au genre populaire se dispensent de dessiner, de composer, de réfléchir. Jamais on n'a présenté au peuple le plus spirituel de la terre tant de niaises pochades plus impertinemment brossées. L'affluence prodigieuse des *natures mortes* sur le marché marque suffisamment le niveau des sensations qui suffisent à une multitude de peintres et à une multitude d'amateurs. Notez qu'en général on se contente, dans ces études banales, d'un ton heureux, d'une tâche amusante; les artistes qui composent savamment une *nature morte,* des harmonistes puissants et réfléchis, comme MM. Philippe Rousseau et Vollon, vont bientôt sembler des pédants à tous ces écoliers en rupture d'école aussi affolés de bruit que dédaigneux du travail. Dans le paysage on remarque de plus en plus la même nonchalance à grouper ses observations, la même indifférence à trier ses impressions, la même impuissance à les mûrir. Tous ces défauts d'une école fatiguée s'exagèrent encore par la disproportion croissante entre l'énormité des cadres et l'exiguïté de leur contenu. Une sensation que Rousseau ou Millet eussent fixée dans un dessin grand comme la main se délaye piteusement dans un cadre de 2 mètres carrés. Ce manque de tact est commun aux peintres de paysage et aux peintres de genre. Les scènes familières les moins faites pour décorer des monuments prennent, on ne sait pourquoi, des proportions monumentales. Personne ne sait plus dire : « Allons manger la soupe », sans monter à cheval et sonner la trompette. On ne saurait apporter plus de prétentions dans la simplicité. Cette insouciance pour l'exactitude du dessin, cette hâte à produire trop vite et trop grand, sont les deux maladies qui minent notre école et menacent son existence au moment même où elle voit accourir à elle un nombre incroyable de joyeuses recrues, presque toutes ardentes, alertes, enthousiastes à leurs débuts, mais qui trouveront la chute proche et la désillusion terrible si elles ne s'arment pas d'études plus complètes.

Dans cette immense quantité d'études brillantes, presque toujours sincères et habiles, mais d'une sincérité superficielle et d'une habileté courante, que la jeune école de paysage et de genre étalait sous ses yeux, le jury a donc pu se trouver embarrassé lorsqu'il s'est agi de décerner les récompenses secondaires. A-t-il cru se tirer d'embarras en doublant le nombre des mentions honorables? La faiblesse n'est jamais un bon calcul. Plus le niveau des récompenses descend, plus le nombre s'accroît de ceux qui le peuvent atteindre; chacun dès lors pense avoir droit à une distinction si commune, et le chiffre des plaignants s'augmente en raison directe du nombre des favorisés. Les désignations du jury, en général, paraissent justifiées; mais, une fois entré dans cette voie, on pouvait aller plus loin encore, et je crois qu'on ira forcément plus loin. La récompense au Salon n'aura bientôt plus que la valeur d'un brevet professionnel. Les vingt *troisièmes médailles* ont servi presque toutes à consacrer d'honorables réputations déjà préparées aux Salons précédents, et les soixante-deux *mentions honorables* ont signalé ou encouragé, dans les genres divers, des débuts presque toujours intéressants. Ces deux listes pouvaient sans injustice être encore allongées, car la plupart des œuvres qu'elles contiennent ne s'élèvent guère au-dessus du niveau moyen de la production courante. Là encore les meilleurs tableaux récompensés ne sont pas des compositions d'une invention réfléchie ni d'une exécution savante, mais des études d'après nature plus vives que profondes, soit dans le paysage, soit dans le portrait. Le talent n'y manque pas, tant s'en faut, ni même parfois l'éclat; pourquoi n'est-ce presque toujours qu'un talent indécis qui trahit l'absence de fermes convictions, qu'un éclat de pratique, sorte de beauté du diable ne promettant guère de lendemain?

Parmi les artistes hors concours, quelques-uns ont donné une note plus haute et plus complète. Le grand *Plafond* de M. Paul Baudry, pour la Cour de cassation, salué par les acclamations du jury et par le vote des exposants, a montré le maître plus libre et plus moderne que jamais dans son interprétation décorative des traditions vénitienne et française. L'accord d'un dessin vif, précis, souple, et d'une coloration brillante, délicatement équilibrée, fait de cette toile une œuvre exemplaire, dans un moment propice, pour toute la jeune école. Aucune œuvre, au moment où de toutes parts l'art se dispose à pénétrer dans nos appartements et à partager notre vie quotidienne sous toutes les formes de la décoration, ne pouvait paraître plus à propos. En même temps, MM. Henner, Jules Lefebvre, Bastien-Lepage, Laugée, montraient comment on sait exécuter encore à Paris un vigoureux morceau de peinture, étude de nu ou étude de figure, avec un sentiment profond et réfléchi de la lumière, de la beauté, de la réalité ou de la vie. MM. Paul Dubois, Delaunay, Bonnat, Carolus-Duran, Hébert, Cabanel, affirmaient encore, avec l'autorité d'œuvres voulues et menées à bout, que les portraitistes français restent dignes de leurs ancêtres, les uns par la pénétration expressive qui ressuscite l'âme sous le masque des chairs, les autres par la sincérité énergique qui évoque dans les cadres des corps vivants et des visages parlants.

Dans cette section même, la science de la composition et la richesse de l'imagination font encore trop souvent défaut à ceux qui traitent les sujets historiques. Aussi a-t-on su gré à MM. Hector Leroux, Maignan, Olivier Merson et quelques autres, de ne point déserter le champ de la légende poétique où se plaira toujours l'esprit ouvert de notre race, accessible à tous les sentiments, sinon à tous les enseignements du passé. La peinture anecdotique n'a point décliné entre les mains de MM. de Neuville, Adrien Moreau, Dantan et beaucoup d'autres. MM. Français, Hanoteau, Busson, Lansyer, à la tête d'une école nombreuse, ont maintenu le paysage français à la hauteur où nous sommes accoutumés à le voir. Ils ont montré, par leurs œuvres aussi savantes que sincères, ce que ce paysage doit tout au moins être, sous peine de n'exercer plus qu'une action insignifiante : une impression vive ou profonde reçue d'abord devant la nature, analysée ensuite par une intelligence réfléchie, reproduite enfin au moyen de colorations justes enveloppant un dessin exact.

Dans la sculpture, deux œuvres remarquables se sont disputé la médaille d'honneur. Le groupe romantique du *Paradis perdu,* de M. Gautherin, par sa composition énergique, s'était attiré presque autant d'admirateurs que le groupe classique des *Adieux d'Alceste,* de M. Allar, par son ordonnance harmonieuse. Ces deux œuvres, d'écoles diverses, avaient également saisi le public par une qualité supérieure, aujourd'hui assez rare, qui se trouvait leur être commune, une émotion douloureuse et noble exprimée d'un côté par une gesticulation plus passionnée, de l'autre par des attitudes plus contenues, comme il convenait à deux sujets pris l'un dans la légende biblique et l'autre dans la poésie grecque, mais des deux côtés aussi profonde et aussi communicative. Après un vote incertain, le suffrage des électeurs s'arrêta décidément sur les *Adieux d'Alceste*. Ce beau groupe lui parut joindre plus complètement à la puissance d'expression dramatique qui remue les âmes la perfection rythmique des formes qui enchante les yeux. M. Allar, par cette œuvre supérieure, où la sincérité de l'émotion personnelle anime une science profonde puisée aux plus saines traditions, a pris son rang définitif parmi les maîtres de notre école à côté de MM. Guillaume, Paul Dubois, Chapu, Mercié.

Le jury de sculpture a eu sans doute moins de peine que le jury de peinture à établir ses listes de récompenses. S'il ne s'est pas trouvé en présence d'un nombre aussi grand d'œuvres suffisamment habiles pour attirer son attention et suffisamment banales pour embarrasser son choix, il a eu le plaisir de pouvoir saluer sans hésitation un petit nombre d'œuvres signées par des noms nouveaux qui témoignent de la conscience avec laquelle les sculpteurs poursuivent encore leurs études et de l'intelligence avec laquelle ils comprennent leur art. L'une des premières médailles a été donnée à un peintre célèbre, M. Gérôme, qui, en obtenant à son tour chez les sculpteurs le succès éclatant qu'avait naguère obtenu chez les peintres M. Paul Dubois, a rendu une fois de plus à notre génération fatiguée le service de lui prouver que tous les arts du dessin se tiennent entre eux et que leur connaissance générale est aujourd'hui, comme dans l'Antiquité et à la Renaissance, la condition presque indispensable de la prééminence dans l'un d'eux. L'autre première médaille, décernée à M. Dampt, a récompensé cette perfection de l'exécution qui donne un prix exceptionnel à la statue de marbre, quelle que soit sa dimension, perfection nécessaire aux œuvres plastiques, qui ne sauraient s'en dispenser sous aucun prétexte.

Parmi les médaillés de deuxième et de troisième classe, M. Gaudez, l'auteur souple et vif du *Ciseleur du XVIe siècle* et de la *Nymphe Écho,* M. Etcheto, l'auteur spirituel d'un joyeux *François Villon,* apportent dans leurs inventions élégantes autant de liberté que MM. Gérard, Hugues, Carlès, Desca, Labatut, Voyez, Guilloux, Osbach, ont mis de force ou de conscience dans la recherche des combinaisons expressives du mouvement ou du développement élégant des formes. Tous ces sculpteurs, débutants ou à peu près, viennent joyeusement renforcer l'armée, jusqu'à présent un peu inactive, de sculpteurs habiles que la France possède, vaillants ouvriers tout prêts, comme leurs ancêtres modestes du moyen âge, à remplir de figures vivantes tous nos édifices publics et privés, lorsque l'indifférence publique ne se refusera plus à les leur livrer. Parmi ceux qui n'ont obtenu que des *mentions honorables,* il en est plus d'un aussi à qui l'on peut déjà prédire une carrière estimable, pour peu que la vie, si rude pour les sculpteurs, ne lui soit pas trop cruelle.

Somme toute, avec toutes ses faiblesses, le Salon de 1881 prouve à nouveau la vitalité de l'École française. Jamais on n'a vu s'élever à la fois autant de débutants pleins d'espoir et de bonne volonté; c'est seulement en l'examinant avec attention qu'on se sent inquiet sur les résultats définitifs de cette vitalité si souvent mal dirigée, incertaine ou factice. La facilité croissante avec laquelle s'obtiennent l'accès au Salon et les récompenses qu'on y décerne produit sur l'enseignement des effets désastreux dont s'épouvantent pour l'avenir tous ceux dont l'esprit n'est pas troublé par le tapage de l'actualité. Il n'est point de débutant qui ne se croie hors de page dès que les gazettes ont salué son apparition au Salon et que les photograveurs ont reproduit son œuvre. A quoi bon dès lors continuer, dans le silence de l'atelier ou de la campagne, ces études patientes et obscures d'après la nature et d'après les maîtres par lesquelles on se croyait autrefois obligé de passer non seulement avant d'être un artiste, mais même avant d'être un ouvrier de l'industrie? A quoi bon se condamner, durant de longues années, à l'obscurité et à la pauvreté qui accompagnent fatalement ces études longues et rudes, tandis que les journalistes et les marchands sont tout prêts à vous encenser et à vous acheter, pourvu que vous fabriquiez à la mode courante des banalités qui se comprennent vite, se succèdent vite et s'oublient vite? Quelle vigueur de tempérament, quelle énergie de volonté, quel héroïsme d'indépendance il faudrait aujourd'hui à un jeune artiste pour se soustraire à toutes les séductions de ces entraînements! Combien sont-ils de la taille nécessaire? De là tant de surprenantes élévations rapidement suivies de chutes irrémédiables, de là tant de brillants débuts presque immédiatement démentis par des impuissances incurables, de là tant de réputations surfaites, tant de vies manquées, tant de jalousies, de douleurs, de désespoirs!

Deux erreurs fatales répandues depuis longtemps dans notre pays, grâce à la légèreté des uns et grâce au pédantisme des autres, ont troublé l'œuvre de la génération actuelle. Ces erreurs troubleront encore l'œuvre de la génération à venir, si l'expérience des faits ne suffit pas à les dissiper. L'une est celle qui consiste à croire que l'artiste, semblable à une plante sauvage, se développe spontanément en vertu de son seul tempérament, sans avoir à compter ni avec la science, ni avec la tradition. L'histoire des arts, ancienne et moderne, dément, d'un bout à l'autre, avec éclat cette théorie, faite par les bavards à l'usage des paresseux; les peintres les plus originaux d'Italie, des Pays-Bas, de France, ont été presque toujours les hommes les plus instruits de leur temps. C'est par la forte éducation que se développent toutes les personnalités; qui n'a pas eu le bonheur de la recevoir doit avoir la force de se la donner, sous peine de rester en route. L'autre erreur est celle qui consiste à diviser l'art en catégories hiérarchiques et en partis hostiles, celle qui oppose spécialité à spécialité, qui voit dans telle fonction de l'art un sacerdoce et dans telle autre un métier vil, qui répudie toute influence directe, continue, réciproque, des arts inventeurs sur les arts industriels; qui, en un mot, se refuse à comprendre cette unité essentielle des Arts dans laquelle l'Antiquité, le moyen âge, la Renaissance, ont trouvé sans efforts de prodigieuses ressources, et sans laquelle tant d'artistes trop spéciaux restent aujourd'hui fatalement isolés dans leurs labeurs, au milieu d'une foule isolée dans son ignorance.

L'affaiblissement des expositions annuelles ira donc en croissant tant que, d'une part, une éducation plus complète et plus sérieuse ne mettra pas les peintres et sculpteurs, directeurs naturels du mouvement des arts, en mesure de fournir au goût public des exemples moins douteux et des modèles moins contestables, et tant que, d'autre part, on ne trouvera pas moyen de dériver vers les arts décoratifs la plus grande partie de ces praticiens médiocres dont la discipline industrielle peut tirer bon parti, mais qui se trouvent à la fois inutiles et déclassés lorsqu'ils aspirent au rôle de créateurs. Sur ces deux points, l'État, rendu plus libre par la remise aux artistes de leurs intérêts professionnels, peut prendre une action énergique et décisive, en soutenant tous les efforts publics ou privés ayant pour but de conjurer le péril. Dans notre pays, si sensible à l'action gouvernementale lorsqu'elle s'exerce avec suite, réserve et fermeté, il n'est pas douteux qu'une organisation de grands Salons périodiques, nationaux et internationaux, tant pour les beaux-arts que pour les arts décoratifs, et qu'un système soigneusement combiné de hautes récompenses et de grandes commandes données à la suite de concours et d'expositions, ne puissent, en peu d'années, rendre à notre école la force qu'elle perd peu à peu dans des travaux d'ordre inférieur. Il est temps que l'État prenne résolument cette action.

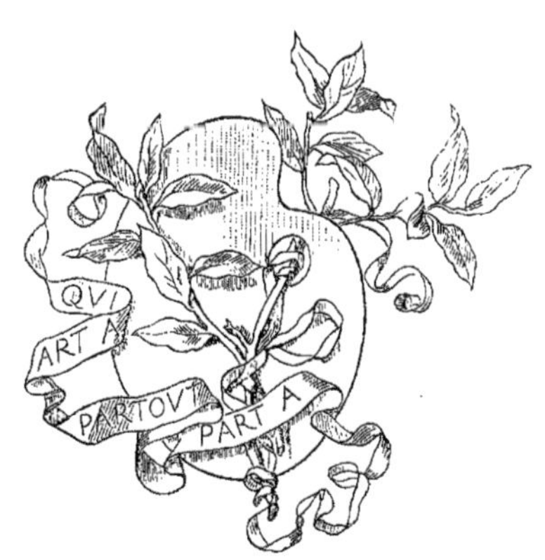

ŒUVRES GRAVÉES

PEINTURE

N° 106. *Glorification de la Loi.* — BAUDRY (Paul-Jacques). Hors concours. Médaille d'honneur.

H. 1m70. — L. 4m. — Fig. grandeur naturelle.

Plafond. — Fragment de la décoration de la grande salle des audiences de la Cour de cassation.

Au centre, sur le haut piédestal d'une niche pratiquée entre deux colonnes corinthiennes et portant l'inscription *Lex imperat,* siège la Loi, sous la figure d'une jeune femme vêtue d'une robe grise, tête nue et bras nus. Elle tient de la main gauche les tables de la loi, et de la droite fait un geste de commandement. Au-dessus d'elle planent deux autres jeunes femmes aux draperies flottantes, dont l'une, à gauche, avec le glaive et les balances, personnifie la *Justice;* dont l'autre, à droite, montrant la règle métrique et une couronne, symbolise l'*Équité.* Au pied du trône, à gauche, au second plan, l'*Autorité,* debout, appuyée sur un faisceau consulaire, tient un drapeau tricolore. Sur le premier plan à gauche, de profil, une femme de haute stature, la *Jurisprudence,* drapée dans un riche manteau de brocart d'or, un sceptre à la main, debout, lève la tête vers la *Loi.* A droite, au deuxième plan, un président de la Cour de cassation, dans sa robe rouge, debout aux pieds de la *Loi,* se découvre en la regardant, et, sur le devant, la *Force,* cuirassée et casquée, une branche de feuillage dans la main droite, repose de profil, sur les degrés de marbre, à demi couchée sur un grand lion assoupi; à son côté, appuyé sur elle, dort paisiblement, de face, un enfant nu, l'*Innocence.* Un ciel vif et bleu, découvert sur la gauche, répand sa lumière brillante sur toute la scène.

N° 890. *Les Vainqueurs de la Bastille* (14 juillet 1789). — FLAMENG (François). Hors concours.

H. 5^m60. — L. 6^m90. — Fig. grandeur naturelle.

La scène se passe devant la grande porte grillée de la Bastille. Sur le premier plan, à droite, un prisonnier demi-nu, la tête sanglante et bandée, est assis sur une civière, soutenu par un jeune homme. Un serrurier lui soulève les jambes, qu'il s'apprête à délivrer de leurs anneaux de fer. A droite, un vieillard emporte dans ses bras un jeune homme. Au centre, un garde-française, la tête nue et ceinte de lauriers, soulevé par deux hommes, brandit triomphalement, en criant, dans la main gauche une grosse clef, dans la main droite une épée ; quelques citoyens l'acclament. Devant ce groupe s'avancent, au premier plan, de face sur la gauche, marchant de front, un gamin de Paris, déguenillé, battant du tambour, un jeune bourgeois levant son tricorne, un vieux bourgeois portant le fusil sur l'épaule. Une femme du peuple les regarde passer avec un geste d'admiration. Aux arrière-plans s'agite une foule de têtes. Sous la porte du fond, on voit arriver un blessé porté sur un lit. La cour est remplie de fumée.

ACQUIS PAR L'ÉTAT.

N° 1122. *Beau Temps.* — HEILBUTH (Ferdinand). Hors concours.

H. 1^m30. — L. 1^m80.

Deux jeunes Parisiennes canotant sur la Seine, par un temps calme d'automne. L'une de face, en costume blanc, gants frais, chapeau de paille enrubanné de blanc, tient les rames suspendues. L'autre, de dos, en carrick gris et chapeau noir, assise à l'arrière, sur un tapis d'Orient, se tourne à droite pour regarder un cygne qui s'approche. Fond de rives boisées et semées de maisonnettes.

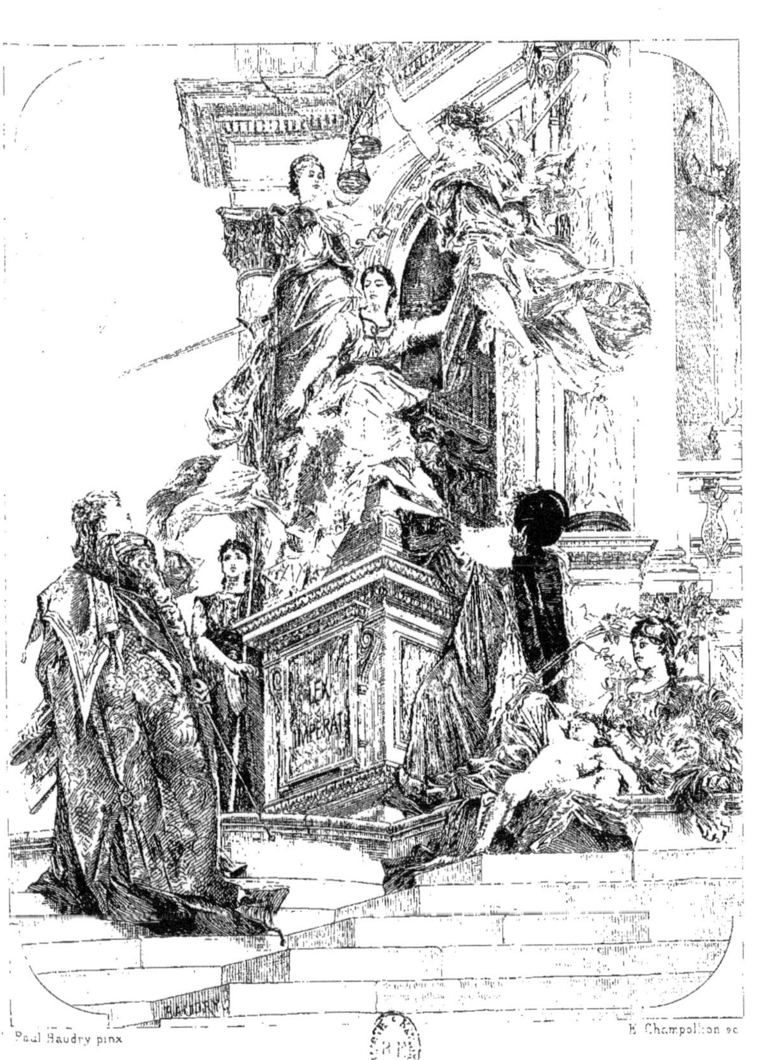

Paul Baudry pinx E. Champollion sc

GLORIFICATION DE LA LOI

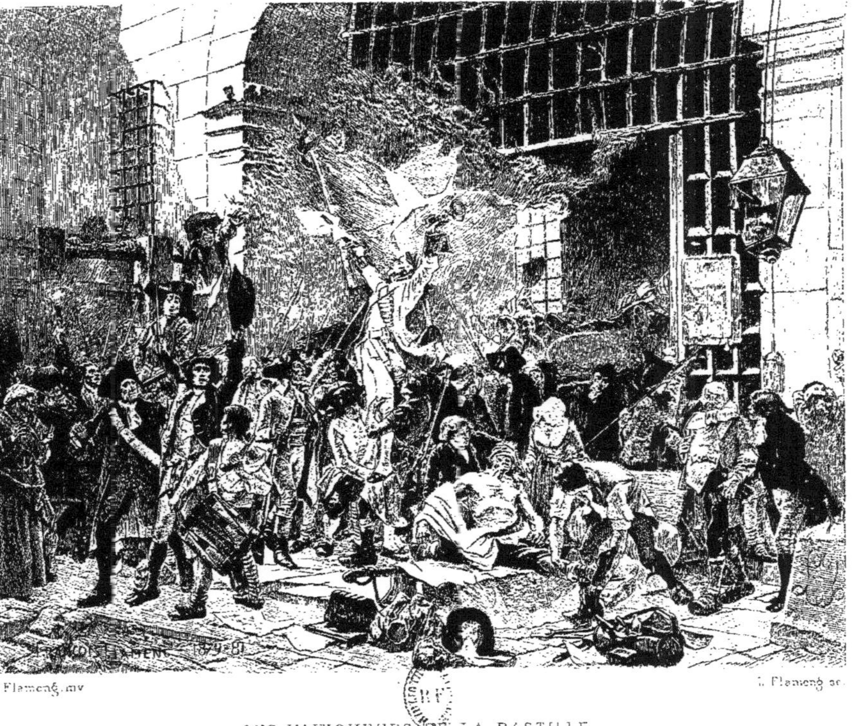

F. Flameng inv.　　　L. Flameng sc.

LES VAINQUEURS DE LA BASTILLE

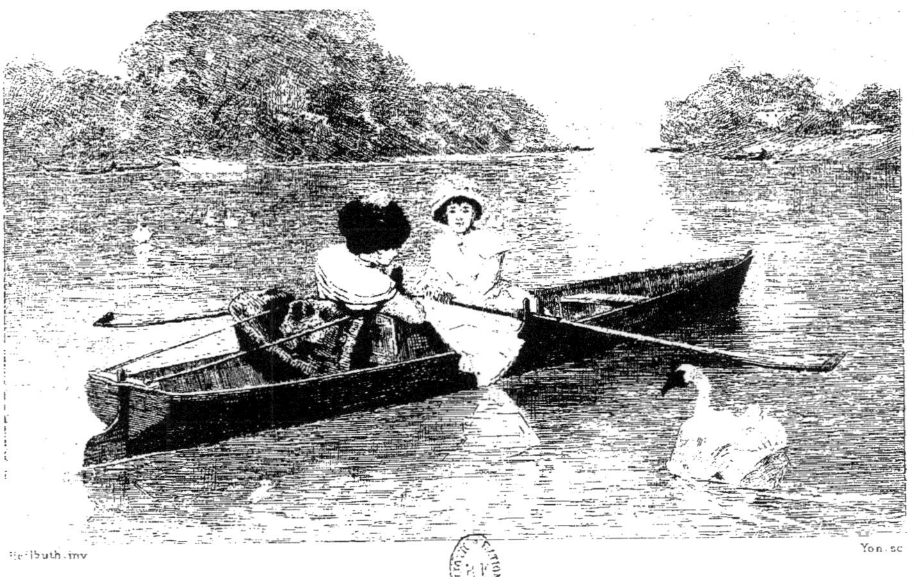

Heilbuth inv. — Yon sc.

BEAU TEMPS

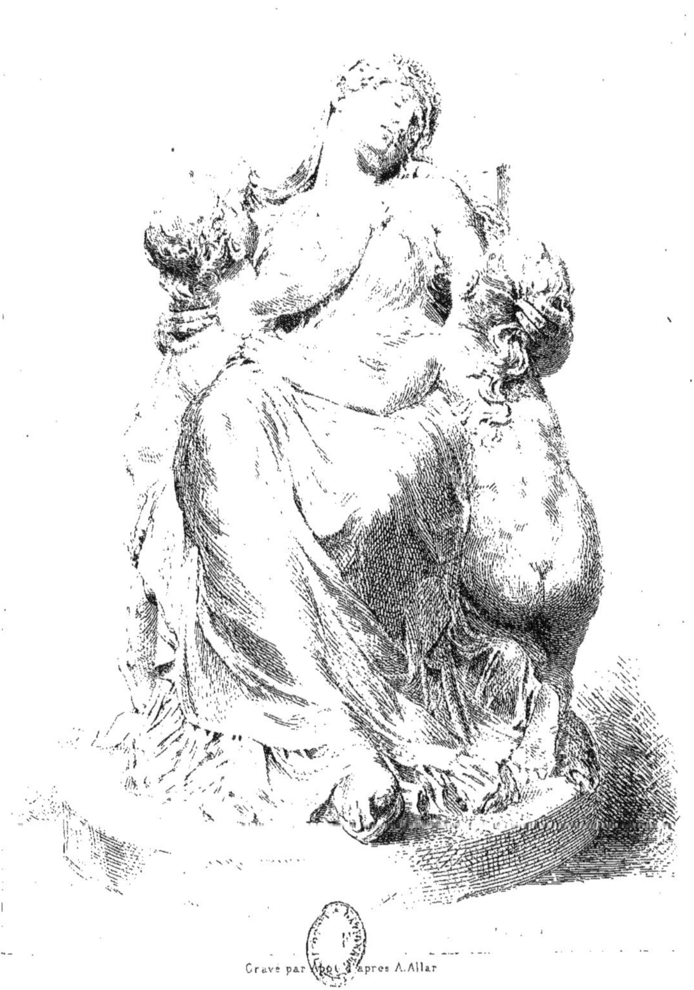

Gravé par Abot d'après A.Allar

LA MORT D'ALCESTE
(Marbre)

SCULPTURE

N° 3570. *La Mort d'Alceste.* — ALLAR (André). Hors concours. Médaille d'honneur. — E. U.

H. 1m65. — L. 1m05. — Pr. 1m55.

Groupe en marbre. — Grandeur naturelle.

Alceste s'est affaissée, mourante, les jambes croisées, sur un siège à dossier. Ses yeux se ferment, sa bouche s'entr'ouvre avec peine, sa tête, couronnée du diadème et du voile, se renverse sur l'épaule droite. Elle essaye encore d'attirer vers elle, de ses mains tremblantes, ses deux enfants, dont l'un, une petite fille agenouillée à sa droite, lui jette des regards suppliants, et l'autre, un plus petit garçon, dressé à sa gauche sur ses pieds, s'efforce de se hisser sur la grande chaise, et soulève de la main droite le voile de la mourante. Alceste, vêtue du péplos et de la tunique, porte un riche collier; ses pieds nus posent sur un escabeau. Les deux enfants sont nus.

ACQUIS PAR L'ÉTAT.

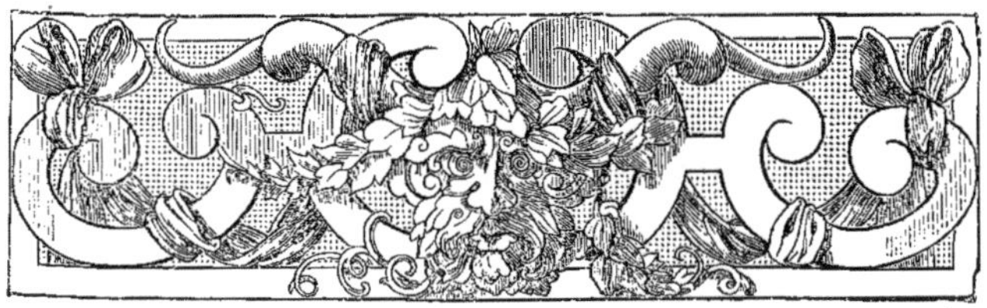

Salon de 1882

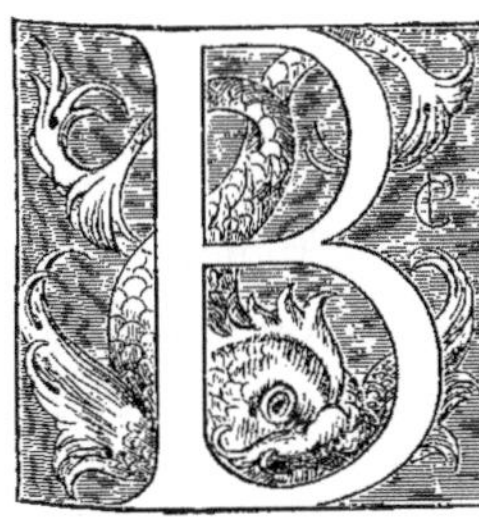

BEAUCOUP de toiles, peu de tableaux; beaucoup d'études hâtées, peu d'ouvrages achevés; beaucoup d'impressions rapides, peu de compositions réfléchies : tel semble devoir être le bilan régulier des expositions annuelles, dont les chefs de l'école et les personnalités bien établies se désintéressent de plus en plus à mesure que les débutants, les amateurs, les étrangers, s'y précipitent avec plus d'ardeur pour y chercher, aux yeux du public, une consécration rendue de plus en plus facile par la souplesse des règlements et par la complaisance des Jurys. L'exemple de la *Société d'Aquarellistes* n'a pas été perdu. L'année 1882 a vu, sous divers titres, avant, pendant, après le Salon, s'établir, soit dans des cercles, soit dans des établissements publics, soit dans des magasins d'éditeurs ou de marchands, soit dans des locaux loués pour la circonstance, un certain nombre d'expositions libres où se montraient des œuvres signées de noms éclatants qui, autrefois, se fussent réservés pour le Salon. Ces groupements indépendants d'artistes, en dehors des concours solennels organisés soit par la Société des Artistes, soit par l'État, deviendront sans nul doute plus fréquents à mesure que le Salon prendra davantage l'aspect d'un marché de produits industriels ou d'une exhibition de travaux scolaires. L'art n'aura pas à en souffrir plus que les artistes, car l'émulation entre ces groupes restreints qui deviendront vite rivaux sera bientôt plus ardente qu'elle ne saurait l'être dans une agglomération générale, où les supériorités se noient sous le flot niveleur des médiocrités, où les médiocrités elles-mêmes s'exaltent par leur propre nombre. Quant aux chefs de l'école, qui n'ont plus besoin ni des récompenses inférieures, ni du petit bruit des Salons annuels, il est naturel qu'ils se réservent pour des occasions plus rares, où ils pourront, en montrant au public éclairé l'ensemble de leurs ouvrages, attirer sur leur nom des discussions plus retentissantes et fournir à ces discussions des éléments plus sérieux.

Ce serait donc une erreur de chercher toujours dans le Salon le niveau exact de l'art national à son étiage le plus élevé. Il est telle année où, par suite de l'abstention de certains maîtres, on le jugerait beaucoup plus bas qu'il n'est en réalité. Toutefois, si le Salon ne peut toujours établir ce degré supérieur, il nous donne régulièrement et forcément, avec le niveau moyen de l'habileté matérielle, des indications assez nettes sur les tendances générales des yeux, du goût, de la pensée, dans les ateliers et dans les écoles. A ce point de vue, le Salon reste toujours fort intéressant. Celui de 1882, en particulier, ne contenait pas peut-être un grand nombre de ces chefs-d'œuvre originaux et caractéristiques destinés à marquer une étape dans la marche de l'art français (ce que nos neveux seuls pourront dire); cependant il a paru, non sans raison, présenter plus d'intérêt même que les Salons de 1881 et de 1880, parce que la pensée générale de la génération nouvelle s'y manifestait avec plus de franchise et s'y affirmait avec plus de décision.

Le Naturalisme, compris non pas à la façon des Grecs, des Italiens, des Flamands, comme une interprétation plus ou moins personnelle de réalités choisies dans un but expressif, mais comme la simple représentation, aussi impersonnelle que possible, de réalités quelconques, sans autre but que l'exactitude, a étonnamment gagné de terrain depuis l'année dernière. Ce mouvement, qui pourrait avoir pour effet de dégager les jeunes esprits de tout asservissement à des formules usées, s'il était toujours chez eux le résultat d'un sincère amour de la vérité, correspond à ce mouvement général qui, sous couleur de science, rend aujourd'hui trop souvent les esprits plus sensibles à de puériles exactitudes matérielles, dans la littérature et dans la science, qu'aux plus hautes conceptions imaginatives ou aux plus puissantes synthèses philosophiques. La grande masse du public, dont la cervelle est surchargée de notions superficielles sur un nombre toujours croissant de choses, et qui devient de plus en plus inapte à se former sur une seule des jugements indépendants et personnels, a, dans cette façon de comprendre l'art qui la dispense de toute réflexion, trouvé une forme correspondante à sa curiosité ignorante. S'il faut de la culture, de l'enthousiasme, de la délicatesse, pour pénétrer le sens des œuvres d'art originales créées par une imagination passionnée ou par une observation réfléchie, il ne faut que de bons yeux pour comparer rapidement une image réelle avec une image représentée. L'envahissement des sujets grossiers traités grossièrement au Salon de 1882 a été salué, en général, il faut le dire, comme la preuve d'un affranchissement définitif et la garantie d'une rénovation prochaine. Est-ce faire preuve d'un esprit chagrin de ne point partager sans restriction cet enthousiasme irréfléchi ? Nous ne le croyons pas. S'il n'est point d'artiste sans amour de la vérité et sans indépendance d'esprit, il n'est point d'artiste non plus sans études techniques, sans travail de pensée, sans chaleur d'imagination ; or, l'exercice du réalisme, tel qu'il se généralise, est malheureusement presque toujours l'abandon de toute préparation sérieuse et la renonciation à toute activité intellectuelle. L'école française, plus productive que jamais, mais aussi plus que jamais désorientée, est donc en train de jouer une très grosse partie. Suivant la direction qu'elle donnera à son étonnante activité, il en peut sortir promptement soit une gloire durable, soit une éclipse momentanée. Son amour de la vérité la tient, en ce moment, à la tête des arts ; mais son indifférence pour la beauté, son mépris pour la pensée, son dédain pour l'imagination, peuvent, en peu de temps, la faire déchoir à un rang inférieur.

On doit rendre cette justice aux Jurys de peinture constitués par la Société des Artistes, que, tout en faisant une large part à l'entraînement du jour, ils ne se sont point dissimulé les dangers de la situation, et qu'ils ont assez résolument constaté les droits supérieurs de l'intelligence en même temps que l'insuffisance générale des résultats. La *Médaille d'honneur,* votée à une grande majorité, a désigné à la reconnaissance publique l'adversaire le plus résolu à la fois de la convention académique et du réalisme grossier, celui qui, par l'indépendance imaginative de ses conceptions comme par la simplification expressive de son exécution, s'élève le plus résolument au-dessus des mesquineries de l'imitation étroite, M. Puvis de Chavannes. C'était récompenser à la fois le labeur énergique d'une vie courageuse et reconnaître la légitimité de l'action que commence à exercer de toutes parts une œuvre, très imparfaite sans doute dans ses détails, mais, malgré tout, admirablement saine, libre, élevée, de bon exemple dans son harmonieux ensemble. Si l'éducation de la jeunesse est bien dirigée et si la jeunesse en veut bien profiter, il est probable que certains élèves de l'auteur du *Ludus pro patria* mettront au service de l'imagination poétique et décorative une habileté de main plus exercée et plus précise; cependant ils n'en porteront pas moins la marque de celui qui aura délivré leurs talents en leur rendant, avec l'exaltation fortifiante des beaux rêves, l'habitude de la sincérité dans l'observation et de l'unité dans l'exécution.

C'est évidemment dans la même pensée de respect pour les hautes traditions de l'art et d'inquiétude sur l'avenir des tendances mesquines dans lesquelles l'enferme le goût actuel que le Jury a déclaré, pour la seconde fois, qu'il n'y avait point lieu de décerner de premières médailles dans la section de peinture. Les secondes médailles, pour la plupart, ont même été attribuées à certains noms connus ou populaires, avec l'intention très apparente de récompenser l'ancienneté de carrières estimables plutôt qu'avec celle de signaler à l'admiration ou à l'attention du public l'avènement de talents originaux et l'apparition d'ouvrages supérieurs. C'est seulement dans la distribution des 28 troisièmes médailles et des 51 mentions honorables que l'indulgence obligatoire d'un Jury nombreux et élu a paru s'abandonner parfois à des concessions singulières, soit envers des médiocrités incorrigibles, soit envers des débuts sans promesses, concessions qui déconcertent absolument le jugement public et qui ébranlent même l'autorité des juges. Les noms d'un certain nombre d'artistes sérieux et de jeunes gens d'avenir, justement signalés dans cette longue liste, s'y trouvent ainsi compromis par le voisinage beaucoup trop fréquent d'amateurs simplement agréables ou de camarades seulement sympathiques. Si la Société des Artistes veut conserver à ses diplômes leur utile valeur de brevets professionnels, elle aurait intérêt, ce semble, à les moins prodiguer.

On a remarqué, dans la liste des artistes récompensés, un

nombre plus grand que jamais de peintres étrangers. Cependant les détracteurs du Jury l'accusent de n'avoir pas, sur ce point, donné satisfaction entière à la justice. « Non seulement, disent-ils, les peintres étrangers formaient le cinquième du total des exposants, mais encore, dans certaines catégories, telles que la peinture familière et la peinture rustique, ils ont, en si grand nombre, montré des qualités d'une telle distinction, qu'ils eussent mérité une plus large part au festin d'adieux. » Nous ne saurions croire, quant à nous, qu'un jury français, ayant offert l'hospitalité à des étrangers, se puisse étonner qu'on fasse honneur à cette hospitalité et leur veuille marchander, à cause même de leur titre, l'équité sur laquelle ils ont droit de compter. Rien n'autorise, en réalité, à suspecter la bonne foi de ses membres. Toutefois, il faut reconnaître que cet empressement croissant des étrangers à se venir mesurer avec nos artistes, empressement à la fois flatteur et utile, apporte dans l'organisation des Salons des éléments nouveaux dont il faut tenir grand compte. En réalité, toutes les expositions d'art, dans les grandes capitales, deviennent forcément, par suite de la facilité des transports, des expositions internationales. Celle de Paris a, au plus haut degré, ce caractère. Peut-être serait-il sage de le reconnaître en adaptant les règlements anciens à des nécessités nouvelles et en modifiant la législation des admissions, des placements, des récompenses, suivant les traditions internationales, par la séparation nette des écoles, des œuvres, des intérêts.

Les mêmes tendances générales qu'on a pu remarquer chez les peintres, l'abandon des sujets historiques et des formes traditionnelles, le goût des observations faciles et des scènes contemporaines, l'indifférence pour les inventions poétiques et pour les compositions réfléchies, se retrouvent aussi chez les sculpteurs. Là, pourtant, les nécessités implacables des lois de l'équilibre et de l'harmonie plastique ne permettent pas d'abaissements aussi répugnants que ceux qu'autorise la liberté pittoresque, et on y trouve, de la part des huit ou dix maîtres supérieurs qui, en ce moment, tiennent, sans conteste, la tête de l'école française, une résistance d'autant plus énergique à des entraînements excessifs que cette résistance consiste non pas à enrayer un mouvement légitime dans son principe, mais à s'en servir habilement pour remettre résolument l'art dans une voie féconde. Les fiers groupes de MM. Mercié, Barrias, Lanson, le noble bas-relief de M. Chapu, les figures exquises de MM. Marqueste et Idrac, les bustes si simplement et si puissamment vivants de MM. Dubois et Guillaume, en réalisant l'alliance expressive de la beauté et de la réalité, de la forme et de la pensée, attestent une fois de plus que l'art ne demeure vraiment vivant et ne produit réellement des œuvres durables qu'à la condition de se servir de tout l'enseignement du passé pour mieux comprendre le présent.

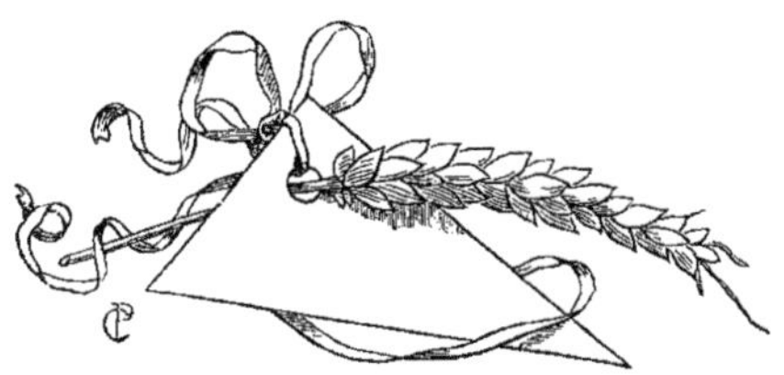

ŒUVRES GRAVÉES

PEINTURE

N° 8. *Soir d'Automne.* — ADAN (Émile-Louis). Médaille de deuxième classe. — E. U.

H. 1m55. — L. 2m20.

Sur le parapet d'une terrasse plantée d'arbres et jonchée de feuilles mortes, une jeune femme en robe violette, la tête et les épaules enveloppées d'une capuche blanche, regarde, accoudée de profil, à gauche, dans une attitude rêveuse, la campagne jaunie où s'éteignent les lueurs du crépuscule. Le ciel, encore clair, est semé de nuages violacés.

N° 537. *Souvenirs.* — CHAPLIN (Charles). Hors concours.

H. 0m75. — L. 0m55. — Fig. grandeur naturelle, en buste.

Jeune femme, aux cheveux blonds dénoués et flottants, laissant tomber à droite sa tête, qu'on voit de trois quarts, sur un coussin de couleur sombre. Les yeux languissants, la bouche souriante, les joues rougissantes, elle tient sa main gauche sous ses deux seins nus dans un flot de linges transparents.

ACQUIS PAR L'ÉTAT.

N° 1676. *La Paye des moissonneurs.* — LHERMITTE (Léon-Auguste). Hors concours. — E. U.

H. 2m15. — L. 2m80. — Fig. grandeur naturelle.

Intérieur d'une cour de ferme. A gauche, au premier plan, est assis, de face, sur un banc, devant un angle de mur, un vieux paysan, la tête nue, les bras nus, la main gauche pendante, une faux dans la main droite. Sur l'extrémité du même banc, une jeune paysanne, de profil, tournée à droite, allaite un enfant. Au second plan, sur la droite, dans une reculée des bâtisses, un ouvrier, coiffé d'un large chapeau de paille, un bissac sur l'épaule, compte de la monnaie. Près de lui marche un faucheur, de profil. Plus loin, on aperçoit le fermier, guêtré, vêtu de bleu, qui fait la paye; il tient de la main gauche sa bourse et donne une pièce à un faucheur debout devant lui. Au premier plan, à droite, deux gerbes de blé et une faucille.

ACQUIS PAR L'ÉTAT.

SCULPTURE

N° 4491. *Œdipe à Colone.* — HUGUES (Jean-Baptiste). Médaille de première classe. — E. U.

H. 1m75. — L. 1m20. — Pr. 0m80.

Groupe en plâtre. — Fig. grandeur naturelle.

Le vieil aveugle, la tête penchée, les cheveux et la barbe en désordre, le torse nu, les jambes couvertes d'une draperie, est assis sur un banc de pierres brutes à côté d'Antigone. La jeune fille, serrée dans une tunique étroite et longue, se presse à gauche contre son père, dont le bras amaigri l'enlace par derrière. Elle laisse tomber tristement sa tête sur l'épaule du vieillard, les mains jointes et pendantes.

ACQUIS PAR L'ÉTAT.

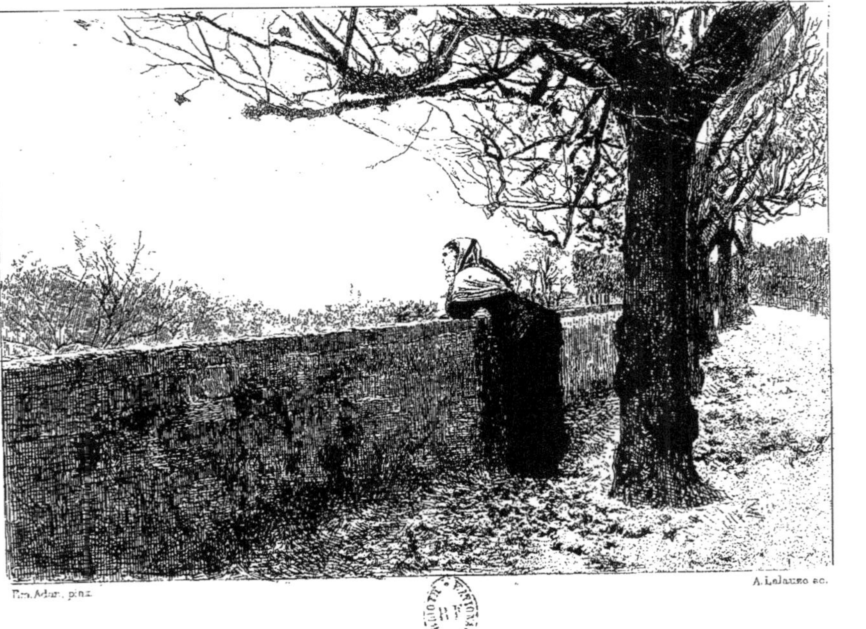

Em. Adan, pinx. A. Lalauze sc.

SOIR D'AUTOMNE

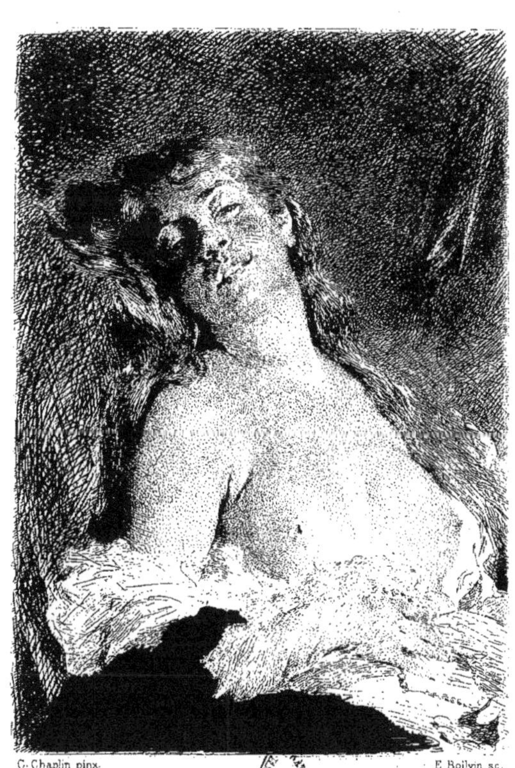

C. Chaplin pinx. E Boilvin sc.

SOUVENIRS.

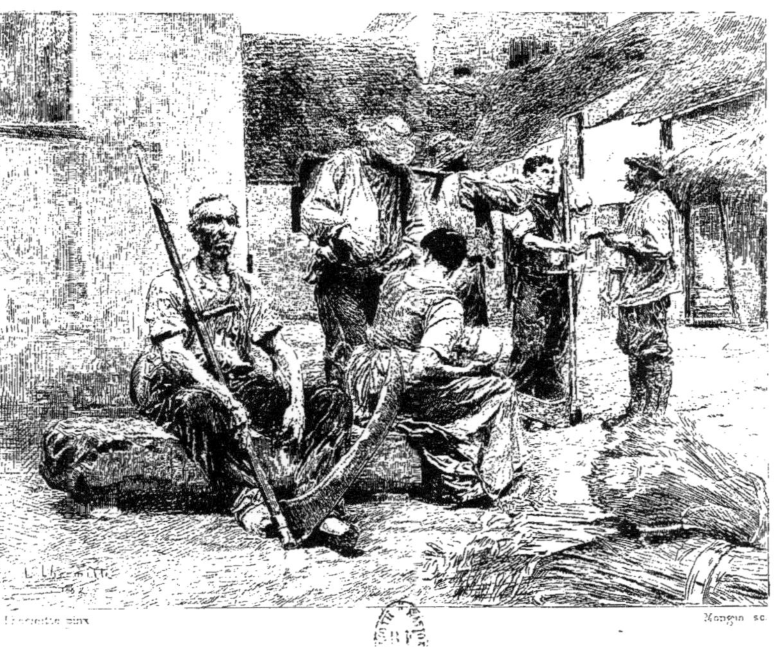

L. Lhermitte pinx. Mongin sc.

LA PAYE DES MOISSONNEURS

L'Artiste

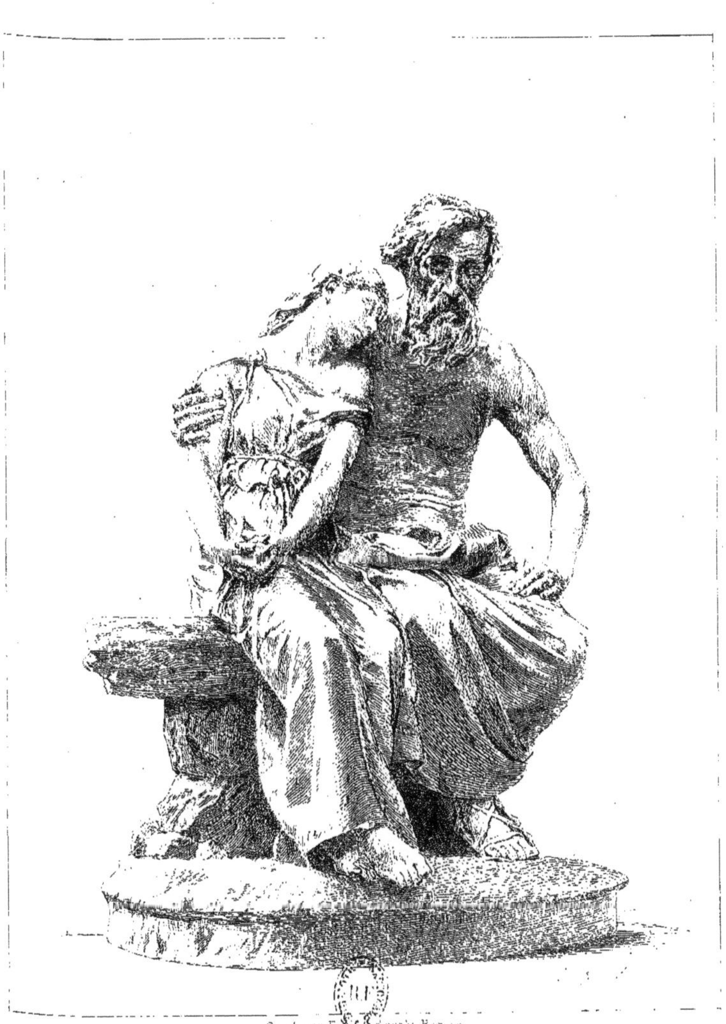

ŒDIPE À COLONE

(Plâtre)

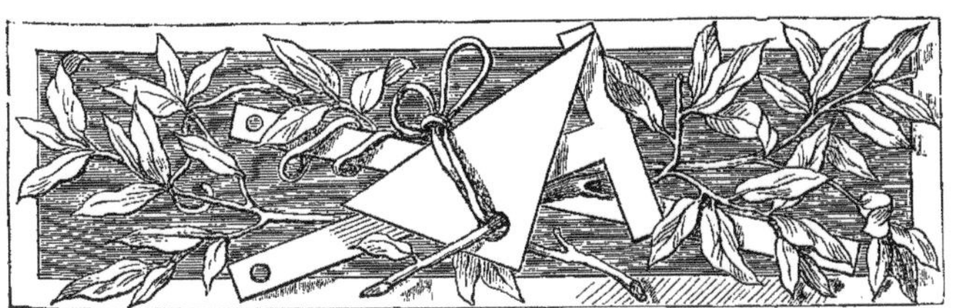

Salon de 1883

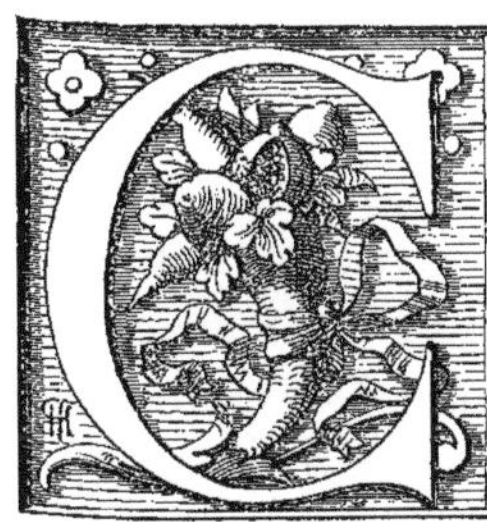

E mouvement qui emporte de plus en plus les jeunes peintres, en dehors des sujets traditionnels, vers la représentation des figures réelles et des scènes contemporaines, ne s'était jamais manifesté avec autant de conviction qu'au Salon de 1883. L'ambition, inconsciente ou volontaire, de plusieurs d'entre eux, paraît même être celle de substituer franchement la peinture de la vie moderne à la peinture des figures historiques dans la décoration des édifices publics. Un grand nombre de toiles, dans lesquelles sont traités des épisodes courants de l'activité quotidienne, affectent, en effet, les proportions énormes de compositions épiques. L'exemple des fresquistes italiens du XVe et du XVIe siècle, qui n'ont souvent déroulé sur les murailles, sous des prétextes religieux ou historiques, que des processions de personnages vivants, et celui des peintres flamands et hollandais du XVIIe siècle, qui ont quelquefois donné à de simples réunions de portraits le caractère de poèmes familiers ou héroïques, sont faits pour encourager des efforts qui répondent d'ailleurs aux préoccupations sociales de notre temps. Il n'y aurait, en vérité, qu'à se féliciter de cette évolution prévue, si elle était toujours accompagnée, chez ceux qui la dirigent ou chez ceux qui la suivent, de la fidélité nécessaire à la science du dessin acquise par les écoles antérieures, d'une émotion sincère devant les grandeurs, les tristesses ou les joies de la vie, et d'un respect suffisant pour d'autres conceptions de l'art plus personnelles ou plus complexes.

La preuve, d'ailleurs, que ce mouvement correspond bien à une tendance générale du goût, c'est que personne n'y échappe. Un grand besoin de vérité, même dans les compositions idéales, s'est emparé de notre génération. Nul ne pourra plus lui présenter ses rêves sous des formes inexactes qui ne leur donneraient pas une apparence réelle. Des aspirations semblables se sont manifestées, à différentes époques, dans l'histoire des peuples; elles ont presque toujours déterminé un renouvellement de l'art, aboutissant soit à une prompte décadence, si le naturalisme s'y confondait avec la trivialité, soit, au contraire, à l'épanouissement magnifique de l'imagination, si le naturalisme s'y mettait au service des idées élevées et des conceptions généreuses. L'intérêt du Salon de 1883 aura été, ce nous semble, de montrer que l'école française, dans son ensemble, très décidée à s'appuyer constamment sur l'observation scrupuleuse de la nature, n'a pas l'intention pourtant de se confiner non plus dans une observation sans but et sans choix, comme l'avaient pu faire craindre, dans ces dernières années, des tentatives plus bruyantes que raisonnées.

Parmi les naturalistes purs, M. Jules Breton, qui sert de lien entre l'ancienne et la nouvelle génération, est encore celui qui possède le mieux l'art d'agencer une scène rustique dans un cadre bien proportionné, en joignant une émotion poétique, très simplement exprimée, à un sens très vif des phénomènes naturels. Son *Matin,* où deux amoureux de village, séparés par un ruisseau, se contemplent avec embarras, est une idylle racontée avec charme et délicatesse. M. Bastien-Lepage a traité le même sujet dans *l'Amour au village,* avec cet accent de réalisme pénétrant qui donne une saveur très vive à ses figures les plus vulgaires. Ainsi que d'habitude, les proportions de sa toile, où les personnages se placent au hasard, comme en un coin détaché de la réalité, lui donnent bien plus l'aspect d'un fragment de peinture murale que d'un tableau régulièrement ordonné. C'est dans les mêmes dimensions que MM. Lhermitte, Renouf, Pelez, Gervex, ont représenté d'autres épisodes de la vie laborieuse et douloureuse des humbles gens. Une grave simplicité d'impression, une franchise saine et large d'exécution, signalent le talent vigoureux et sincère de M. Lhermitte dans sa *Moisson* et sa *Fileuse.* M. Renouf, dans la scène dramatique du *Pilote,* où quatre marins luttent avec un si tranquille courage contre une mer furieuse, a montré quelles ressources pouvait trouver l'art moderne dans la représentation sympathique et émue des dévouements obscurs et des héroïsmes inconnus. Le *Sans Asile* et *le Bureau de bienfaisance,* scènes tristement poignantes de la misère populaire dans les grandes villes, ont été également traités, l'un, par M. Pelez, avec plus de prétention morale, l'autre, par M. Gervex, avec plus d'observation pittoresque, mais tous deux avec talent et presqu'un égal succès auprès du public.

Le danger que court le groupe où se distinguent MM. Bastien-Lepage, Renouf, Gervex, c'est de confondre la banalité avec la simplicité, c'est de n'aboutir, en fin de compte, qu'à des ouvrages médiocres et d'une actualité éphémère, faute d'une technique sérieuse ou d'une réflexion suffisante. La tendance est d'y mépriser la composition et d'y improviser l'exécution. Il n'est donc pas sans intérêt de voir des praticiens expérimentés se servir aussi du naturalisme, mais d'une tout autre façon, en s'efforçant, au contraire, de l'introduire, pour les renouveler, dans les sujets légendaires ou poétiques, et en se conformant ainsi à la méthode universellement suivie par les artistes de tous les temps. Ce système a fort bien réussi à M. Chartran, dans sa *Vision de François d'Assise,* et à M. Lerolle, dans son *Arrivée des bergers.* Les pâtres et les moines, très réels, qu'ils ont introduits dans une étable et une soupente modernes, donnent à ces scènes idéales une vraisemblance immédiate qui les fait sans peine accepter à nos imaginations, désaccoutumées qu'elles puissent être du mysticisme religieux. M. Morot, dans son *Martyre de Jésus de Nazareth,* a poussé, avec un talent supérieur, l'ardeur impitoyable de son naturalisme jusqu'à dénaturer, dans une intention d'ailleurs pathétique, la légende de l'Évangile. M. Carolus-Duran, dans sa *Tentation,* s'est contenté de juxtaposer, avec son éclat accoutumé, deux études de nu, celle d'un vieillard et celle d'une jeune femme, qui n'affectent, ni l'une ni l'autre, aucune intention archéologique.

On doit toujours s'attendre, de la part de MM. Hébert, Henner, Jules Lefebvre, artistes expérimentés et prudents, d'un esprit volontaire et réfléchi, d'une originalité bien décidée, à une transformation ou tout au moins à une exaltation plus vive de la réalité, dans le sens de leur poétique personnelle ; mais ils n'ont pas moins souci de la vérité que les peintres rustiques ou plébéiens, et ils prennent aussi, avec un sentiment plus élevé sans doute, mais avec un respect non moins scrupuleux, leurs impressions directes dans la nature. *Le Petit Violoneux,* de M. Hébert, n'est pas moins naïf et moins touchant parce qu'on y admire de savantes délicatesses de dessin et une mélancolique harmonie de tons discrets qui ne sont point à la portée des praticiens vulgaires. *La Femme qui lit,* de M. Henner, serait encore la meilleure étude de carnation qu'on puisse admirer au Salon, lors même que l'auréole corrégienne dont l'enveloppe l'imagination de l'artiste, infatigablement ému par le rythme exquis des lumières tendres, ne la métamorphoserait pas, pour la plupart des yeux, en une Madeleine contemporaine. La *Psyché*, de M. Jules Lefebvre, n'a peut-être pas relu avec grand soin Apulée avant de s'asseoir sur la cime de son roc; mais c'est une naïve et belle enfant, qui laisse voir dans ses formes chastes toute la fraîcheur pure d'une adolescence récemment épanouie, et dans son attitude toutes les gaucheries inquiètes de la virginité ignorante. La mythologie de M. Lefebvre n'est qu'un prétexte à des visions choisies de créatures vivantes; c'est la seule mythologie qui convienne à des artistes. Dans les compositions habiles de M. Bouguereau, dont l'exécution, égale et soignée, caresse toujours agréablement les yeux, le contact de l'artiste avec la nature vivante est moins nettement marqué, et l'étude de la réalité s'y enveloppe de réticences ou de réminiscences plus nombreuses. C'est là, sans doute, la raison des discussions auxquelles donnent lieu ses œuvres, si recherchées par les amateurs, si contestées par les partisans de la jeune école.

C'est une conséquence naturelle de cette évolution naturaliste que les sujets d'histoire ou de décoration, dans lesquels se complaisait l'imagination cultivée des générations antérieures, ne soient plus abordés qu'en de rares occasions et avec une certaine crainte. Le jury de peinture, malgré sa sympathie marquée pour les tendances contemporaines, n'a pas laissé de s'inquiéter de ce fait, dont le résultat, au bout d'un certain temps, serait la négligence complète de l'étude des formes et l'affaiblissement excessif de la science des compositions. Il a essayé de réagir, dans la mesure où il le pouvait, contre ces exagérations passagères qui, sous prétexte de progrès, ne tendraient à rien moins qu'à priver la civilisation présente de tous les bénéfices acquis par les civilisations passées, comme si le mot de progrès n'impliquait pas forcément l'idée d'une augmentation du patrimoine intellectuel de l'humanité, et non pas de sa diminution. Il a donc cherché, avec une grande bonne volonté, s'il ne trouverait pas, sur les murs du Salon, quelques compositions historiques et poétiques, supposant à la fois science et réflexion, constatant des recherches et des efforts d'une plus haute portée que les agréables impressions dont la plupart se contentent. Il a fini par s'arrêter devant deux ouvrages où l'exécution n'est pas toujours à la hauteur de l'intention, mais qui dénotent tous deux, chez leurs jeunes auteurs, le mépris des vulgarités courantes, une exaltation virile de la pensée, une recherche décidée du style héroïque, une agitation, confuse encore, mais noble et féconde, de l'imagination. Il est difficile de présager l'avenir de MM. Henri Martin et Georges Rochegrosse, qui ont obtenu, l'un l'unique première médaille, l'autre une seconde médaille; mais dans la *Francesca di Rimini,* du premier, malgré un étalage brutal et déplacé de nus dans une vision que Dante avait racontée avec une si exquise et si sublime pudeur, on doit reconnaître une force de mise en scène et une vigueur d'exécution auxquelles il ne manque qu'une direction plus prudente, et dans l'*Andromaque,* du second, malgré les inégalités du rendu et l'incohérence juvénile des intentions archéologiques, on a constaté, comme dans son *Vitellius* du Salon dernier, un sens communicatif du drame, du mouvement, de la vie, un enthousiasme naturel pour les grandes scènes de la poésie et de l'histoire, une facilité brillante d'exécution qui n'exclut ni la vigueur de l'effet ni la précision du morceau, et qui donne grand espoir dans les destinées du jeune peintre, s'il fortifie cette virtuosité précoce par des études patientes et une constante réflexion.

L'embarras du jury a cessé dès qu'il s'est agi seulement de signaler de bonnes études naturalistes. Les secondes médailles, les troisièmes médailles, les mentions honorables, ont plu à profusion sur des épisodes, grands ou petits, de la vie contemporaine, traduits, avec émotion ou esprit, dans un ferme ou brillant langage de couleurs. Est-il bien utile que ces épisodes s'étalent, en figures de grandeur naturelle, dans des cadres énormes? Était-il nécessaire qu'une aventure de boulevard, comme *les Deux Sœurs*, de M. Giron, ou une vue d'intérieur, comme *le Grand Salon*, de M. Béroud, affectassent les proportions épiques des grandes décorations de Rubens ou de Lebrun? Nous ne le pensons pas. On peut dire mieux en criant moins fort. MM. Béroud et Giron ont un assez remarquable talent d'observateurs et de coloristes pour ne pas s'époumonner de la sorte. Il vaut toujours mieux, pour un tableau, avoir à paraître trop petit que trop grand, trop rempli que trop vide, trop riche que trop pauvre. Quoi qu'il en soit, cette série a présenté un grand nombre d'ouvrages intéressants, où une sincère émotion, ne dégénérant que par exception en sentimentalité littéraire, se joint à la franche représentation des figures et des milieux pour leur donner une valeur plus haute et plus générale. Tels sont : *les Deuillants*, de M. Tattegrain; *les Infortunés*, de M. Geoffroy; *les Prisonniers de guerre*, de M. de Lalaing; le *Ce fut là!* de M. Berteaux; le *Au Cimetière*, de M. Demarest; le *Saint Julien l'Hospitalier*, de M. Aman Jean; le *Novembre*, de M. Jenoudet, qui réalisent l'alliance assez difficile de la bonne peinture avec le sentiment attendri des misères et des douleurs humaines. Autour de ces tableaux qui marquent bien la tendance actuelle, un grand nombre d'autres études contemporaines, scènes de genre ou paysages, d'un aspect moins triste, ont mérité les autres récompenses dont le jury, nommé par les artistes, pouvait disposer. Ces récompenses, un peu trop nombreuses toujours, ont été, d'ailleurs, réparties, dans des genres variés, sur beaucoup de noms nouveaux, avec une conscience et une impartialité qui ont laissé peu de prétextes aux plaintes rétrospectives et donné beaucoup d'espérances aux ambitions futures.

Dans la section de sculpture, dont l'ensemble garde l'excellente tenue à laquelle nos yeux sont accoutumés, la médaille d'honneur a été décernée avec enthousiasme à une œuvre importante, d'un intérêt national et actuel, où l'on admire précisément ces qualités d'expression, de vie, de vérité, que poursuit la peinture, les *États-Généraux le 23 juin 1789*, par M. Jules Dalou. Ce haut relief, d'un caractère très décidé et d'une exécution hardie, était accompagné d'un autre ouvrage non moins réussi, mais qui rentrait plus dans les données traditionnelles de la sculpture pittoresque et décorative du XVIIe siècle. Cinq médailles de première classe, cinq médailles de deuxième classe, dix médailles de troisième classe, dans la même section, distribuées avec une très judicieuse attention, ont récompensé, en premier lieu, les groupes importants de MM. Turcan, Carlier, Cordonnier, Boisseau, où la science du nu est mise en œuvre par des imaginations réfléchies, dans des compositions expressives et savamment équilibrées; en second lieu, les figures caractéristiques de MM. Etcheto, de Vauréal, Desca, Fagel ; en troisième lieu, les études intéressantes, mais d'une conception moins élevée ou d'une exécution moins sûre, de MM. Baffier, Germain, Peynot, Lormier, Béguine, Marioton, Hainglaise, Hasselberg, Briden, Tasset. Cinquante et une mentions honorables ont, en outre, paru à peine suffisantes pour signaler, dans des tendances diverses, les mérites sérieux des autres exposants, dont beaucoup sont presque des débutants.

Il n'y a donc aucune inquiétude à concevoir au sujet de la bonne santé et de l'activité de notre école de sculpture. L'absence de certains noms populaires au Salon de 1883 s'explique par la longue durée d'efforts et de travail qu'exige l'achèvement des œuvres plastiques; mais le petit nombre d'ouvrages dus à des artistes renommés y était d'une réelle supériorité.

Deux groupes déjà connus, *les Premières Funérailles*, de M. Barrias, et la *Castalie*, de M. Eugène Guillaume, se remontrant en marbre quelques années après leur première apparition en plâtre, ont supporté avec un entier succès l'épreuve redoutable de cette transformation, qui a été en même temps, pour eux, l'occasion d'un perfectionnement très sensible. Les acteurs des *Premières Funérailles* ont pris un accent plus dramatique et plus poignant en revêtant des formes plus réelles et plus frémissantes. La nymphe *Castalie,* sur son rocher escarpé, a laissé plus librement s'épanouir, dans les traits ennoblis de son chaste visage, toute la pénétrante sérénité de son âme, à mesure que se prolongeait sa tranquille méditation. D'autre part, M. Marqueste a, dans son *Cupidon,* donné une preuve nouvelle de la souplesse de son talent, et, s'il ne nous paraissait pas plus sage de ne se prononcer sur les ouvrages de statuaire que lorsqu'ils se présentent sous leur forme définitive et durable, nous aurions à signaler encore un assez grand nombre de modèles en plâtre d'une haute valeur; mais l'exemple donné par MM. Guillaume et Barrias nous prouve une fois de plus qu'il vaut mieux les attendre à leur retour. L'art de sculpter, plus encore que l'art de peindre, est une recherche, rarement satisfaite, de la perfection. C'est trahir les artistes que de les juger sans appel avant qu'ils aient dit leur dernier mot.

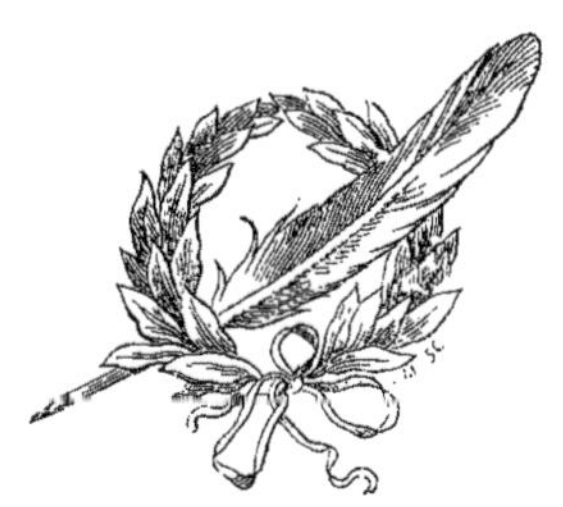

ŒUVRES GRAVÉES

PEINTURE

N° 1032. *Bureau de bienfaisance.* — GERVEX (Henri). Hors concours.

H. 3m70. — L. 2m20. — Fig. grandeur naturelle.

Intérieur de salle éclairée au fond par une fenêtre cintrée. A gauche, la cloison vitrée d'un bureau dans laquelle s'ouvre un guichet. Une vieille femme en châle est devant le guichet, aux côtés duquel se tient, au premier plan, de dos, un garçon de bureau, accoudé sur la planchette, et, au second plan, de face, une femme portant un petit enfant. Au centre de la salle, une jeune fille, en cheveux, un panier au bras, de profil, lit un papier. A droite, de face, une femme en bonnet, ayant devant elle une petite fille qui lui tient la main. Au fond, deux hommes assis dans l'ombre sur un banc.

N° 1191. *La Femme qui lit.* — HENNER (Jean-Jacques). Hors concours. — E. U.

H. 0m90. — L. 1m20. — Fig. un peu moins grande que nature.

Elle est nue, étendue, de profil, la tête à gauche, sur une fourrure noire, et, s'accoudant sur le bras droit, lit dans un livre ouvert devant elle. Fond neutre.

N° 2085. *Andromaque.* — ROCHEGROSSE (Georges). Médaille de deuxième classe. Prix du Salon. — E. U.

H. 4m80. — L. 3m50. — Fig. grandeur naturelle.

En bas, à gauche, sur les premiers degrés d'un escalier de pierre montant le long d'un mur d'appareil irrégulier, Andromaque, échevelée, les seins nus, se débat entre les bras de quatre soldats grecs. L'un d'eux qu'on voit de dos, au premier plan, vêtu d'une cuirasse de cuivre, un grand carquois sur les reins, l'empoigne par la taille du bras droit, tandis qu'à côté de lui, contre le mur, un de ses compagnons vient à son aide. Les deux autres, un peu plus haut, s'efforcent de repousser la Troyenne, qui, du bras gauche, s'accroche au manteau d'un chef, au casque empanaché, qui se retourne pour gravir l'escalier en emportant dans ses bras l'enfant tout nu et tendant ses petits bras vers sa mère. Sur le faîte de l'escalier, la maigre silhouette d'Ulysse, debout, attendant, les bras croisés, se détache sur le ciel. En haut de la muraille, à gauche, pendent des jambes nues de cadavres. A droite, en bas, sur le premier plan, au pied du parapet, un monceau de têtes coupées répand un ruisseau de sang, et une femme morte gît, étendue, au milieu des débris fumants de chariots et de meubles.

ACQUIS PAR L'ÉTAT.

SCULPTURE

N° 3316. *Les Premières Funérailles.* — BARRIAS (Ernest-Louis). Hors concours. — E. U.

H. 2^m50. — L. 1^m10. — Pr. 1^m10.

Groupe en marbre. — Figures nues de grandeur naturelle.

Adam s'avance, portant devant lui le cadavre d'Abel, dont il soutient les épaules sur son bras gauche et serre les deux jambes pendantes dans son bras droit. Près de lui, à sa gauche, se tient Ève, penchée sur le corps de son fils, dont elle soulève la tête de la main gauche en posant les lèvres sur ses cheveux. Derrière eux une touffe de plantes.

APPARTIENT A LA VILLE DE PARIS.

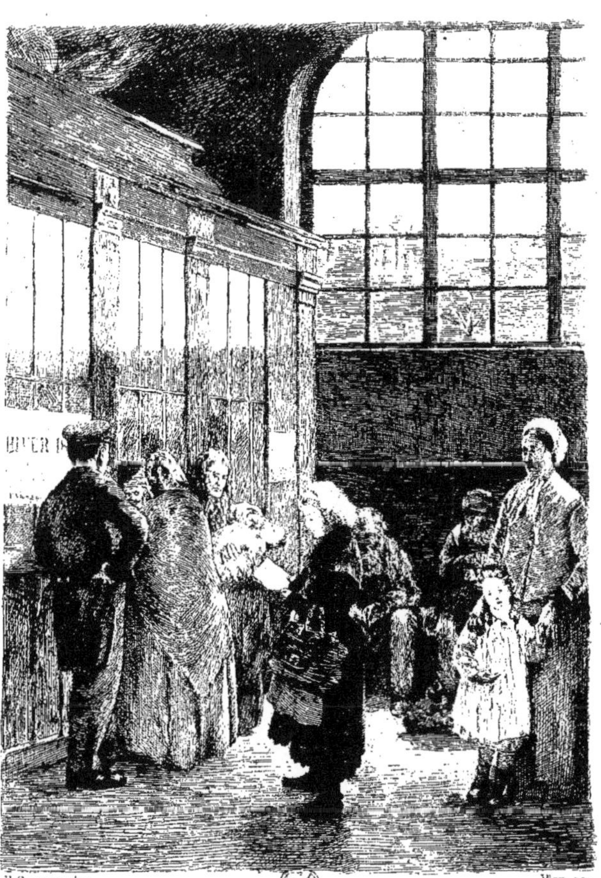

H. Gervex, pinx. Vion, sc.

BUREAU DE BIENFAISANCE.

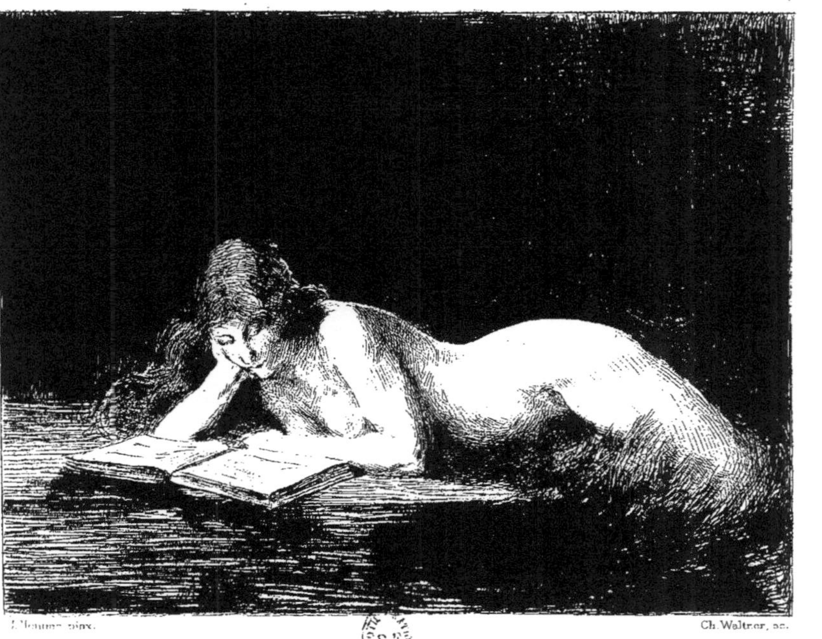

J. Henner pinx. — Ch. Waltner, sc.

LA FEMME QUI LIT.

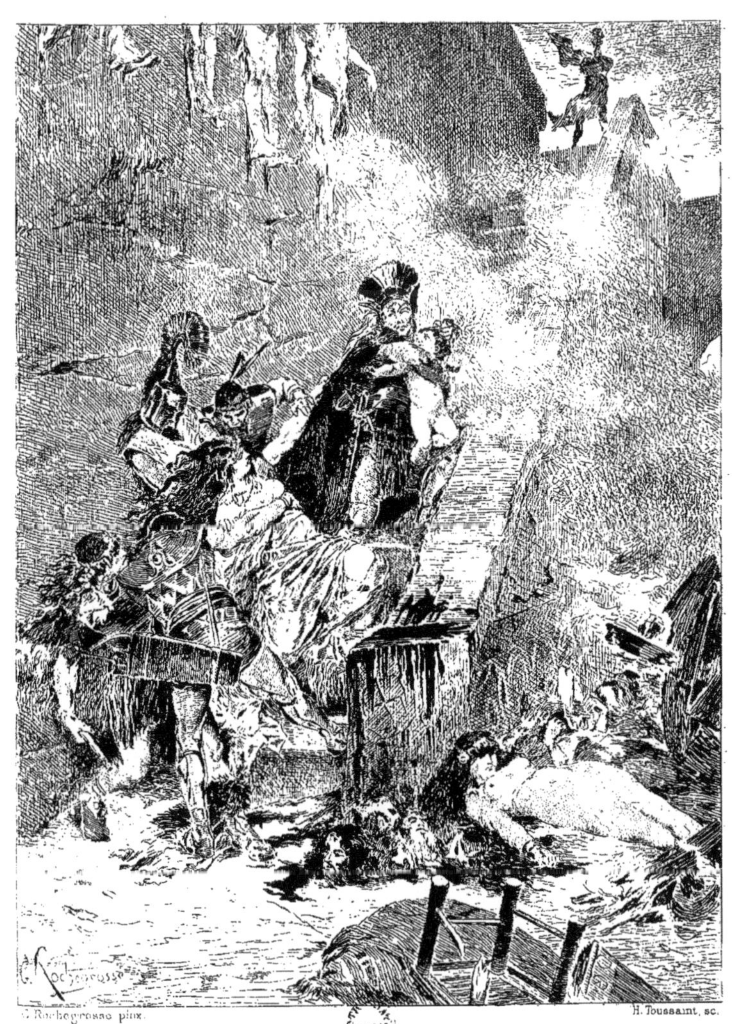

G. Rochegrosse pinx.

H. Toussaint, sc.

ANDROMAQUE.

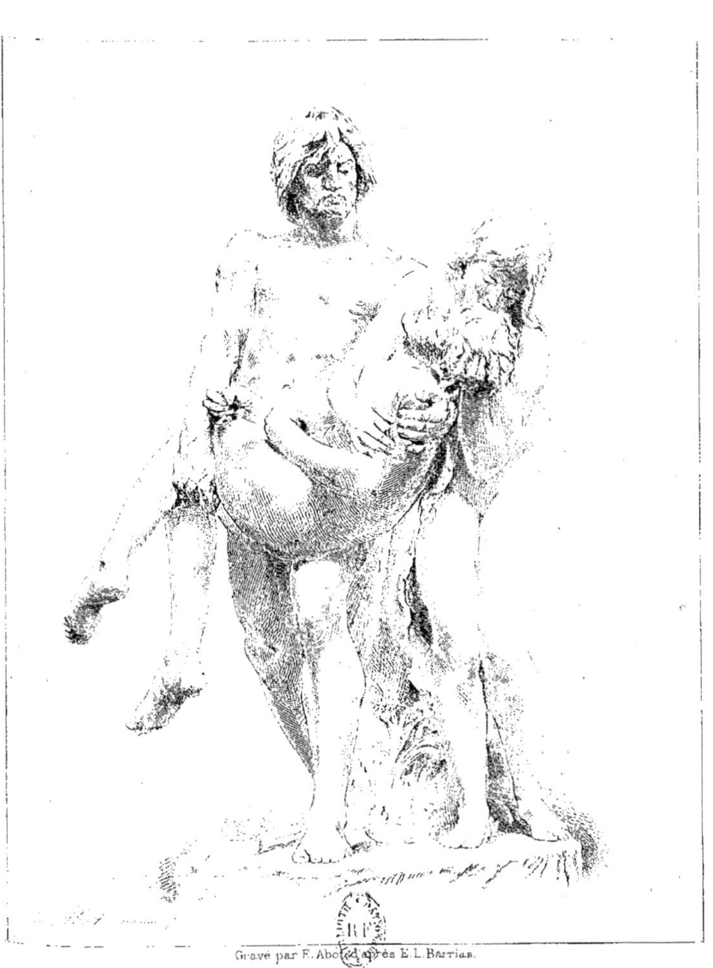

Gravé par E. Abot d'après E. L. Barrias.

LES PREMIÈRES FUNÉRAILLES.

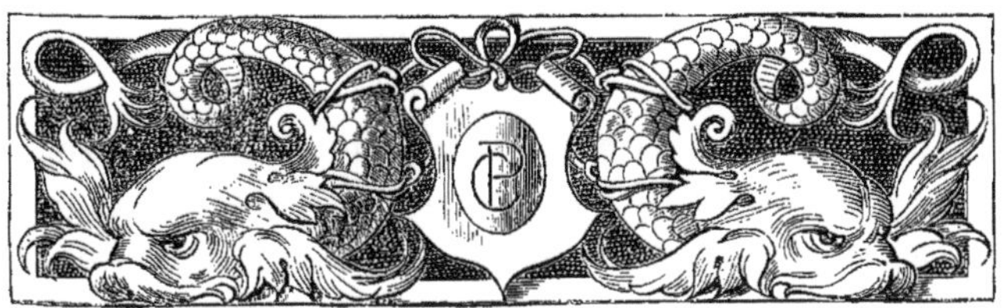

Salon de 1884

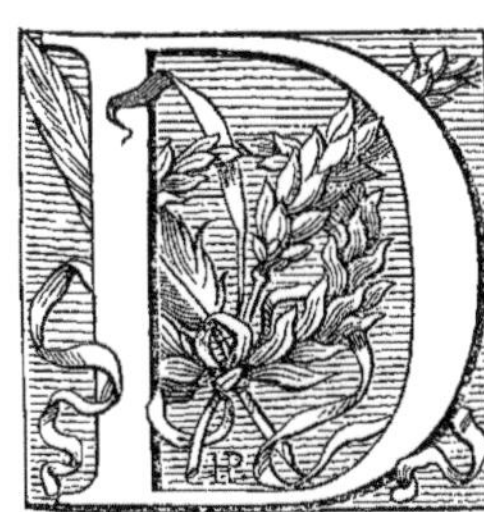

D'une année à l'autre, la physionomie du Salon ne peut guère se modifier d'une façon très sensible. L'aspect d'ensemble du Salon de 1884 rappelait le Salon de 1883: peu d'œuvres réfléchies, beaucoup d'œuvres improvisées; une tendance de plus en plus marquée à supprimer tout effort de conception dans la composition et toute accentuation des formes dans l'exécution; la substitution des colorations légères et fraîches, tantôt ravivées par l'observation naturelle, tantôt atténuées par le goût décoratif, à l'ancienne gamme, assombrie mais solide, des premières écoles réalistes; un goût chaque jour plus exclusif pour les figures contemporaines qu'on introduit, avec leurs costumes, dans l'histoire et dans l'allégorie, avec autant de liberté, mais peut-être moins de naïveté, que les vieux Vénitiens et les vieux Flamands: tels sont, ce nous semble, les traits principaux qui frappaient les yeux lors d'une première promenade dans les salles du palai des Champs-Élysées.

Évidemment notre école de peinture traverse aujourd'hu une crise. L'issue définitive, il est vrai, ne nous inquiète pas parce que jamais l'amour de la nature et l'amour de la vérit n'ont été plus vifs en elle qu'ils ne le sont à l'heure présente D'ailleurs, nous croyons non seulement que la représentatio de la vie moderne peut fournir à des peintres d'appartement des motifs infiniment variés d'observation sérieuse ou piquante mais nous estimons encore qu'elle peut et qu'elle doit être pour les décorateurs des édifices publics, dans une nation démocratique, active, intelligente, l'occasion de déployer sous les yeux de toutes les classes sociales des spectacles, graves ou brillants, d'un haut enseignement moral, historique ou patriotique. C'est même à ce but, qui est au fond l'ambition secrète de tous les grands artistes, que doit tendre l'effort des pouvoirs publics, si l'on veut utiliser, pour le bien de tous, la généreuse émulation de cette multitude croissante de peintres et de sculpteurs qui se consume actuellement, au jour le jour, dans des travaux d'aventure sans portée et sans but.

Malheureusement, cette excellente tendance des générations nouvelles à vouloir rajeunir l'art par une étude plus franche de la nature et par une recherche plus séduisante de l'harmonie a déjà servi de prétexte à des diffusions de théories exclusives et singulières qui sont en passe de troubler à nouveau les cervelles. Des flots inutiles de paroles et d'encre recommencent à couler, dans les ateliers et dans les journaux, à propos de l'*impressionnisme* et de la *modernité,* comme autrefois à propos du romantisme, et naguère du réalisme. Ces discussions à coups de néologismes mal définis ne troublent pas sans doute beaucoup dans leur développement les peintres convaincus et expérimentés, mais elles ont une fâcheuse influence sur le public, qui n'est que trop porté à mêler aux questions d'art, qu'il n'entend guère, les querelles littéraires, qu'il croit entendre, et elles exercent surtout une action funeste sur les jeunes artistes, troublés dans la naïveté nécessaire de leurs premières études par l'assurance et le retentissement de certaines affirmations absolues. C'est ainsi que les uns mettent hors la loi tous les peintres que leur imagination, plus cultivée ou plus ardente, pourrait entraîner au delà d'une copie exacte de la vie contemporaine, et que les autres frappent d'excommunication tous ceux qui cherchent l'expression pittoresque, en dehors d'une certaine fusion harmonieuse de tons adoucis et corrompus, par la correction des lignes, la solidité des formes, l'éclat des couleurs. L'embarras devient vraiment grand pour les artistes préoccupés du qu'en dira-t-on lorsqu'ils veulent, comme le font naïvement quelques-uns, concilier deux doctrines dont les partisans ne s'entendent que pour combattre la tradition classique. En effet, tandis que, d'une part, l'observation sincère de la nature les pousse forcément à des accentuations de plus en plus précises des formes et des couleurs, d'autre part, la recherche voulue des harmonies décoratives exige des sacrifices incessants et d'habiles compromis qui atténuent l'exactitude des lignes et qui altèrent la franchise du rendu. Le résultat le plus clair de cette fausse situation, c'est que les qualités essentielles qui ont toujours maintenu la force de l'école française, la science du dessin et l'intelligence de la composition, semblent momentanément dépréciées au profit de qualités de main secondaires et toutes d'apparence, qui ne suffiront pas dans l'avenir, lorsque la mode aura changé, à assurer la vitalité des ouvrages conçus dans cet esprit systématique.

Les artistes sérieux, dont beaucoup ne vont pas à l'aventure et raisonnent ce qu'ils font, ne laissent pas d'être inquiétés par ce désordre croissant, où la vitalité de l'école s'affirme sans doute, mais qui peut être une cause de dispersion ou d'égarement pour bien des forces utiles. Les votes auxquels a donné lieu la répartition des diverses récompenses sont des témoignages évidents de cette inquiétude en même temps que du désir sincère où l'on est d'en sortir et de remettre les choses en leur véritable jour, malgré les entraînements de la mode et la loquacité des faiseurs d'axiomes. Les opérations pour la médaille d'honneur en peinture, après trois tours de scrutin, n'ont donné aucun résultat, mais la répartition des voix a été significative. Au premier tour, sur 118 votants, M. Bouguereau a obtenu 34 voix; M. Cormon, 24; M. Puvis de Chavannes, 15; M. Jules Lefebvre, 12; M. Henner, 10; M. Benjamin-Constant, 8; M. Duez, 4; M. Collin, 3; M. Feyen-Perrin, 2; M. Lhermitte, 2; M. Cabanel, 1; M. A. Petit, 1; M. Detaille, 1; avec 11 bulletins blancs. Au second tour, les suffrages se sont moins dispersés: MM. Bouguereau et Cormon ont gardé la tête avec 39 et 33 voix, non plus suivis, cette fois, par M. Puvis de Chavannes, réduit à 10 voix, mais par MM. Henner et Jules Lefebvre, avec 21 et 14. Au troisième tour, M. Bouguereau a réuni 49 voix; M. Cormon, 37; M. Henner, 26: aucun d'eux n'obtenant la majorité absolue, le vote restait nul. Cependant, en somme, si l'on n'avait pu s'entendre pour reconnaître une supériorité absolue à aucune des deux œuvres remarquables qui s'étaient, jusqu'au bout, disputé la victoire, il n'y avait jamais eu d'hésitation pour les faire passer en première ligne, parce qu'en effet ces œuvres, dans des directions bien opposées, réunissaient pourtant ce qui manque le plus à la foule des exposants, l'intelligence d'une composition complexe et expressive et la recherche d'un rendu exact et complet. C'est probablement l'insuffisance de cette dernière recherche chez M. Puvis de Chavannes, dont *le Grand Rêve*, harmonieux et poétique, semblait plus que jamais dédaigner la vérité palpable, qui l'a fait abandonner cette fois par ses nombreux admirateurs; et la préférence donnée ensuite à MM. Henner et Jules Lefebvre, dont les envois consistaient en figures isolées, indique une juste préoccupation de reconnaître, à défaut des qualités d'invention, la valeur que prend le sentiment de la beauté plastique par le rayonnement généreux de la peinture ou la pureté délicate du dessin.

Le bon sens des artistes s'est manifesté clairement aussi dans la distribution des récompenses. S'il s'est montré large et généreux lorsqu'il s'est agi d'encourager des tentatives sincères ou des essais heureux par des distinctions inférieures, comme les mentions honorables, en revanche il a montré, dans la répartition des récompenses supérieures, une parcimonie attentive qui contraste avec certaines de ses prodigalités passées, et qui est bien faite, si elle dure, pour relever la valeur de ses choix. Aucune première médaille n'a été donnée. Parmi les secondes, celles qui ont été votées d'abord sont allées à des ouvrages d'une belle tenue : le *Portrait équestre,* de M. le comte de Lalaing, d'une allure si mâle et si grave, et l'*Édith retrouvant le corps d'Harold,* par M. François Schommer, envoi de Rome, dont les qualités sérieuses annoncent un artiste laborieux et de nobles ambitions. Les médailles accordées à M. Auguin, le paysagiste consciencieux et vigoureux de Bordeaux, depuis si longtemps sur la brèche dans toutes les expositions provinciales et parisiennes, et à M. Othon von Thoren, le peintre d'animaux qu'on a pu compter de bonne heure, malgré son origine autrichienne, parmi les élèves de l'école française, s'adressaient à la série de leurs œuvres passées autant qu'à leurs œuvres présentes ; on ne pouvait d'ailleurs saisir meilleure occasion de récompenser de si honorables carrières, car M. Auguin n'a jamais fait une œuvre plus grandement simple que son *Jour d'été à la Grand'côte,* et M. Othon von Thoren, qui a souvent peint des compositions plus mouvementées que son *Labour,* n'y avait pas toujours apporté la même aisance ni le même sentiment d'harmonie. MM. Kreyder, Bonnefoy, Delahaye, Damoye, Barillot, Durst, appartiennent à la génération suivante, et, depuis quelques années, on suivait avec intérêt leurs efforts sincères et leurs progrès constants dans la recherche d'une représentation exacte et vivante, qu'il s'agît de paysages ou de scènes ouvrières, d'animaux ou de fleurs. L'opinion publique semble avoir surtout ratifié avec satisfaction les distinctions données à M. Kroyer, le jeune peintre danois, dont l'originalité franche et vive éclate, avec une forte et salubre saveur de terroir, dans ses *Pêcheurs de Scagen,* et à M. Nicolas Escalier, qui, poursuivant avec une hardiesse heureuse ses belles études décoratives, ne craignait pas, dans sa *Bonne Aventure,* d'évoquer sans y trop succomber le souvenir resplendissant des peintures de Tiepolo au palais Labbia.

Dans la distribution épineuse des secondes médailles, comme dans celle, beaucoup plus facile, des mentions honorables, le jury, composé uniquement d'artistes, on le sait, a montré vis-à-vis des tendances diverses et des écoles opposées une impartialité d'autant plus remarquable qu'elle semble plus difficile à une réunion de producteurs en pleine activité, dont les convictions ont le droit d'être âpres et les jugements l'habitude d'être absolus. Il est clair que, par suite de l'expérience acquise dans un fonctionnement de plus en plus fréquent et de plus en plus contrôlé, l'esprit critique se développe chez eux en même temps que la connaissance de l'histoire des arts et l'intelligence de ses manifestations infiniment variées. C'est là un fait fatal dans notre état actuel de civilisation, et dont il ne convient pas, nous le croyons, de s'effrayer. Les producteurs les plus puissants dans toutes les périodes de l'art qu'il nous est possible d'étudier avec exactitude ont été aussi, à très peu d'exceptions près, les critiques les plus sagaces et les plus ouverts de leur temps, parce qu'ils en étaient les mieux informés et les plus savants. Léonard de Vinci, Raphaël, Rubens, Rembrandt, Poussin, Eugène Delacroix, ont su étendre de tous côtés leurs admirations raisonnées bien au delà de leur terrain propre sans rien perdre de leur originalité, ou plutôt en l'agrandissant par cette extension féconde de leurs sympathies. L'artiste, dans notre vie moderne, ne peut plus pousser sans culture, comme une plante sauvage et spontanée ; on peut même croire, si l'on s'en tient à l'étude des faits, qu'il n'en a jamais été autrement. Il n'est donc pas mauvais qu'il s'arme de toutes pièces pour bien juger comme pour bien faire.

L'intelligence des œuvres mène forcément à l'indulgence pour les ouvriers. On ne s'étonnera donc pas que, dans la série des secondes médailles, où, par une suite de concessions mutuelles et utiles, se trouvent juxtaposés des noms presque tous jeunes, représentant des tendances opposées et des écoles presque hostiles, il y en ait quelques-uns qui y semblent appelés un peu prématurément. Le jury, tenant, comme tout semble l'indiquer, à reconnaître avec une haute impartialité toutes les tentatives sincères et toutes les espérances données, dans quelque ordre que ce fût, a pu quelquefois se trouver assez embarrassé : entre certaines secondes médailles et certaines mentions honorables il n'y a sans doute que l'épaisseur d'un hasard. Il est difficile de prévoir l'avenir des artistes que leurs confrères tirent ainsi de la foule. Toutefois, nous devons constater que, parmi eux, ceux sur lesquels on semble le plus compter sont MM. Guignard, Friant, Maurin, Brouillet, Dinet, Bordes, Petit-Jean, Fourié, qui joignent déjà au profond sentiment de la vérité des qualités vives et franches de peinture devenues aujourd'hui indispensables.

La plupart des peintres hors concours ont soutenu leur réputation par des œuvres dignes d'eux. Dans l'œuvre considérable de M. Bouguereau, la grande toile de la *Jeunesse de Bacchus* marquera comme une des manifestations les plus sérieuses de son habileté infaillible et de sa science avenante. La froideur qu'on reproche à la *Vente d'esclaves* et à la *Nuit au désert,* de M. Gérôme, n'est pas nouvelle : c'est une froideur voulue, comme la fermeté de son ordonnance, la rigueur de ses attitudes, la précision de ses contours. Si ses œuvres sont moins populaires, ce n'est pas le dessinateur net et ingénieux qui a changé, c'est la mode qui tourne. Malgré la mode, les *Portraits de Mme E. H.* et de *Mme A. O.*, par M. Cabanel, resteront en tout temps, à cause de leur délicate exécution et de leur distinction expressive, des œuvres d'art des plus intéressantes. On peut en dire autant du *Portrait de Régnier,* par M. Delaunay, qui ne se soucie guère non plus de la mode et qui se contente de faire comme il sait, net et bien. D'autres membres de l'Institut, MM. Hébert et Paul Dubois, n'ont envoyé, comme cartes de visite, que des études de têtes, mais qui portent bien la marque de leur personnalité convaincue et qui prennent bonne place dans la série de leurs œuvres. Les anciens pensionnaires de Rome de la génération suivante s'effacent, il est vrai, de plus en plus ; si MM. Henner et Jules Lefebvre ne se présentaient toujours à la lutte avec une énergie persistante, on pourrait presque croire que la villa Médicis est fermée depuis vingt ans. Deux gracieuses compositions par M. Olivier Merson, deux bons portraits par M. Gabriel Ferrier, ne donnent pourtant qu'une faible idée de leur talent réel, et l'on doit attendre d'eux, dans un temps prochain, des travaux plus importants et qui répondent mieux à leurs débuts.

Parmi les artistes hors concours qui sont arrivés à la célébrité sans passer par la filière officielle, et dont l'action indépendante s'exerce avec autorité sur l'école française, nous retrouvons cette année, au premier rang, M. Puvis de Chavannes. Sa vaste composition, *le Bois sacré cher aux Arts et aux Muses,* rappelle, par sa belle ordonnance décorative comme par ses dimensions, le *Ludus pro patria* qui lui valut la médaille d'honneur en 1882 ; mais, soit que l'artiste ait exagéré de plus en plus la simplification de ses contours et de ses modelés, soit que les yeux du public aient été rendus à cet égard plus difficiles par les progrès incessants des études naturalistes, on ne saurait nier que cette peinture harmonieuse et séduisante n'ait paru, dans quelques parties, d'une indication trop sommaire et d'une correction trop incertaine. Le *Retour d'une chasse à l'ours,* par M. Cormon, dans un sujet d'ailleurs plus réel, marquait une volonté plus ferme d'unir à la grandeur puissante d'une composition légendaire l'exactitude des formes et la solidité de l'exécution. L'auteur du *Caïn* s'est décidément placé, par cette œuvre sérieuse, au premier rang de nos peintres d'histoire, et l'on peut croire qu'en abordant des époques moins incertaines son imagination poétique pourra y déployer une vigueur plus précise encore. M. Jean-Paul Laurens, qui excelle à ressusciter les figures tragiques des époques barbares, a représenté avec son énergie habituelle, dans des dimensions restreintes, un des épisodes les plus terribles de l'histoire de la papauté, le *Meurtre des cardinaux par Urbain VI*. L'une des épopées les plus grandioses de la tradition celtique, l'*Engloutissement de la ville d'Is*, dans la baie de Douarnenez, a fourni à M. Luminais le sujet d'une intéressante composition qui, sans avoir la grandeur du poème original, ne laisse pas d'être saisissante. De plus jeunes artistes, que la souplesse ou le charme de leur talent exposent à des tentations d'un ordre plus facile, ont aussi montré qu'ils n'entendaient pas renoncer aux grandes ambitions : les *Chérifas*, de M. Benjamin-Constant; l'*Été*, de M. Raphaël Collin; le *Saint François d'Assise*, de M. Duez, trois des meilleurs morceaux de peinture du Salon, témoignent d'une intelligence élevée dans la recherche de la beauté plastique autant que d'une habileté grandissante dans le maniement du pinceau.

Dans le portrait, le genre rustique, le tableau de mœurs, le paysage, on pourrait citer un bien plus grand nombre de pièces intéressantes. Le visage humain est interprété de mille façons, par les méthodes les plus diverses; mais, comme il peut être vrai de mille façons, qu'on l'exprime soit par ses contours, soit par son relief, soit par sa couleur, et comme le goût de la vérité est général, il s'ensuit que nous léguerons à la postérité une très respectable quantité d'images parlantes de nos contemporains. MM. Carolus-Duran, Charles Chaplin, Chartran, Dagnan-Bouveret, Fantin-Latour, Gervex, Tony Robert-Fleury, dont les manières se ressemblent si peu, se joignent à MM. Cabanel,

Hébert, Delaunay, Jules Lefebvre, pour attester sur ce point la complète indépendance d'esprit qui permet à chacun d'eux, suivant son tempérament, de rendre avec une infinie variété la variété infinie des physionomies vivantes. La poésie de la vie champêtre a rarement été traduite avec plus de charme et d'émotion que par M. Jules Breton dans ses *Communiantes* et sa *Route en hiver*, avec plus de grandeur et de simplicité que par M. Lhermitte dans ses *Vendanges;* et, parmi les paysagistes, MM. Demont, Harpignies, Pelouse, Sauzay, Segé, qui nous semblent avoir donné, cette année, les preuves les plus marquées de leur originalité, se présentent au milieu d'une multitude de confrères dont le talent est presque égal au leur.

Le scrutin pour la médaille d'honneur en sculpture a donné lieu aux mêmes tiraillements que le scrutin pour la même médaille en peinture. En fin de compte, le résultat a été nul. C'est M. Mathurin Moreau, avec son groupe en plâtre, *les Exilés*, qui a toujours tenu le premier rang, mais sans pouvoir atteindre le chiffre de trente-neuf voix nécessaires pour la validité du vote. On peut penser que la victoire eût été décisive si cette composition, d'une grave et haute inspiration, avait été présentée sous sa forme définitive. Quoi qu'il en soit, l'acharnement de la lutte montre quelle importance les sculpteurs attachent à la grandeur de l'effort, car le Salon contient plusieurs figures isolées, d'une conception élevée et d'une exécution savante, qui, en des temps moins difficiles, eussent facilement rallié à elles les suffrages. Tels sont, ce nous semble, les beaux marbres de MM. Delaplanche et Becquet, l'*Aurore* et le *Saint Sébastien*, qui vont prendre aujourd'hui leur place naturelle dans le Musée national du Luxembourg. Le nombre des premières médailles accordées, qui avait été de cinq l'année dernière, a été réduit cette année à trois, dont l'une a récompensé, dans M. Levillain, l'application heureuse d'une science sculpturale du meilleur aloi à la composition des ouvrages décoratifs. Les deux autres ont été données à deux groupes également distingués par leur allure libre et vivante : l'un dans le genre aimable, par M. Steiner ; l'autre dans un style plus vigoureux, par M. Rolard. Les six médailles de deuxième classe et les onze médailles de troisième ont constaté, presque toutes, les progrès accomplis par de jeunes artistes dont les premiers travaux avaient été déjà remarqués en ces temps derniers.

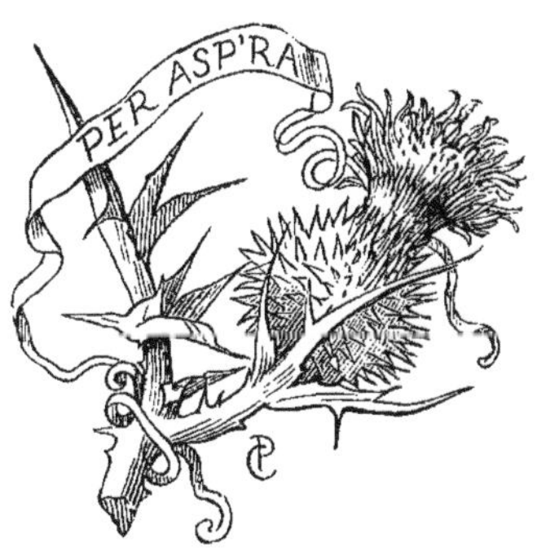

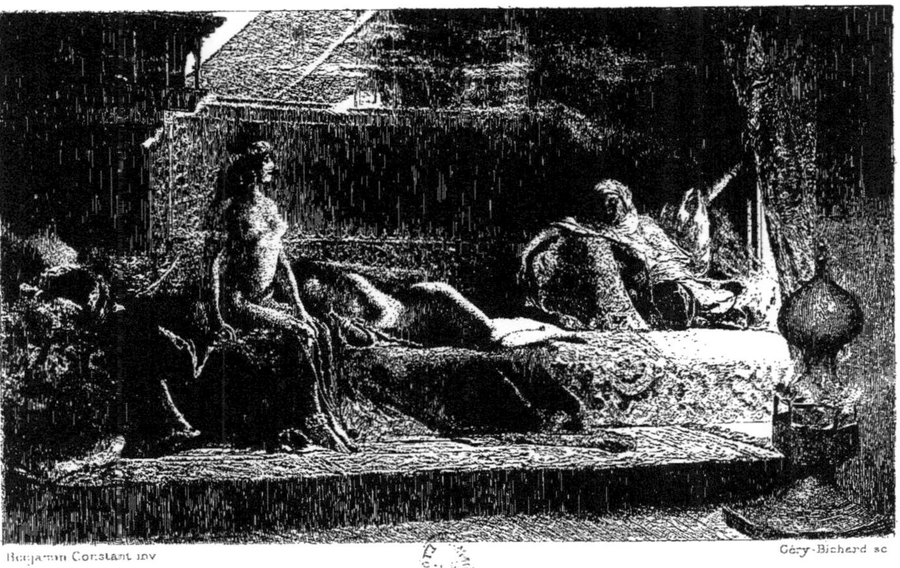

Benjamin Constant inv — Géry-Bichard sc

LES CHÉRIFAS

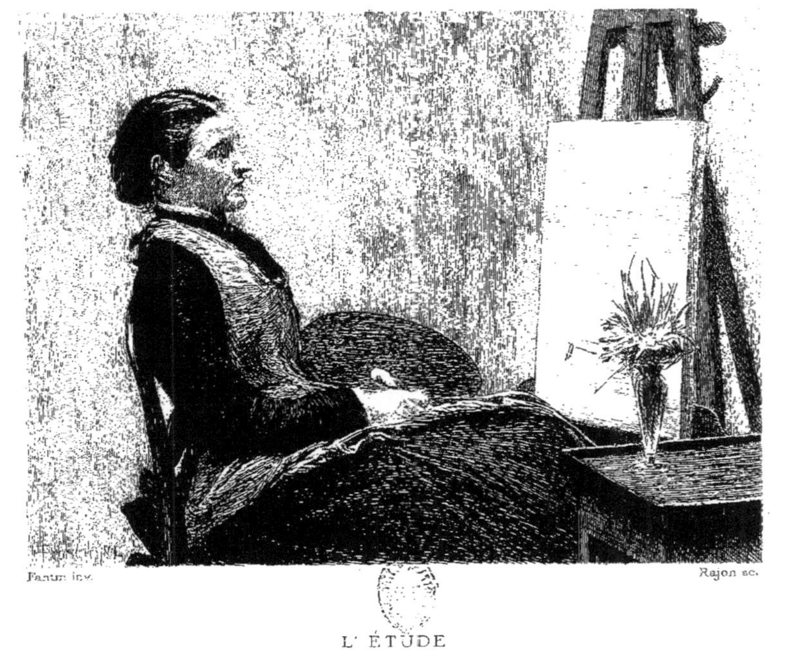

Fantin inv. Rajon sc.

L'ÉTUDE

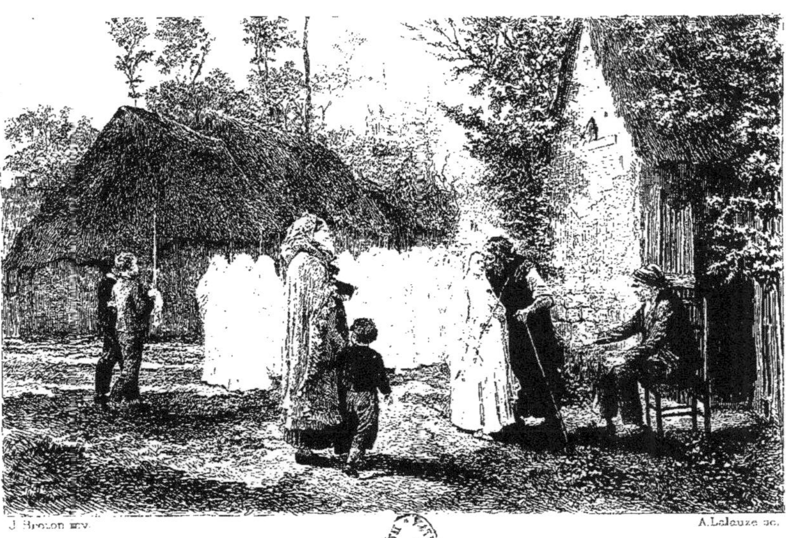

J. Breton inv. A. Lalauze sc.

LES COMMUNIANTES

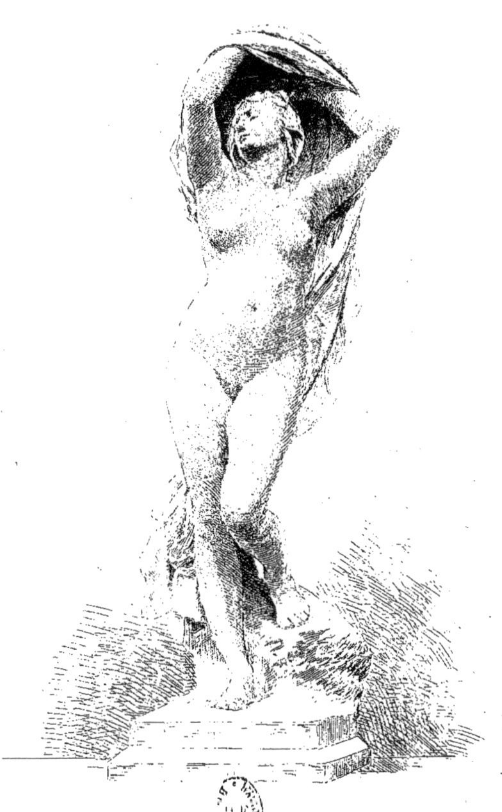

Gravé par de Billy d'après Dulaplanche.

L'AURORE

ŒUVRES GRAVÉES

PEINTURE

N° 588. *Les Chérifas.* — BENJAMIN-CONSTANT (Jean-Joseph). Hors concours. — E. U.

H. 2m46. — L. 4m10. — Fig. grandeur naturelle.

Intérieur de harem. Tout le fond est occupé par un large divan en velours rouge broché d'or sur lequel reposent trois femmes nues. La première, à gauche, dans la pénombre, est assise, le dos appuyé contre la muraille, une étoffe verte jetée sur les jambes, le pied droit pendant. La seconde, assise sur le bord du divan, de profil, redresse son torse nu. Elle porte un diadème, des pendeloques, des bracelets, des anneaux de jambe en argent ornés de turquoises. La troisième allonge, de face, tout son corps sur le divan. A l'extrémité droite est assis, les genoux croisés, un eunuque nègre, en riche costume, qui tient son bras droit étendu sur des coussins et soulève de la main gauche la tenture d'une porte par où pénètre la lumière. Devant lui, au premier plan, un grand brûle-parfums en cuivre.

N° 355. *Les Communiantes.* — BRETON (Jules-Adolphe). Hors concours.

H. 1m25. — L. 1m95.

Une rue de village, entre des chaumières et des jardins en fleurs, montant vers une église dont le clocher s'élève au-dessus des arbres. A droite, sur le premier plan, un vieux paysan, en sabots, vêtements bruns, bonnet bleu, est assis devant une porte d'enclos. Il tend la main à une jeune communiante, vêtue de blanc, qui se tient devant lui, et qu'embrasse de l'autre côté une vieille paysanne, debout, appuyée sur un bâton. Au milieu, de profil, sur le chemin, est arrêtée une paysanne plus jeune, en capuce violet, tenant un petit garçon par la main. Au fond, s'achemine sur deux rangs, vers l'église, une procession de jeunes filles en blanc, suivie par deux jeunes garçons, tous tenant des cierges. Ciel gris et fin de printemps.

N° 910. *L'Étude.* — Fantin-Latour (Henri). Hors concours.

H. 1m00. — L. 1m32. — Fig. grandeur naturelle.

Jeune femme brune, en cheveux, vue de profil. Elle est assise sur une chaise, une palette dans une main, un pinceau dans l'autre, et se penche pour regarder une toile posée sur un chevalet à droite. Près du chevalet, sur une petite table, quelques œillets jaunes dans un porte-bouquet en verre.

SCULPTURE

N° 3447. *L'Aurore.* — Delaplanche (Eugène). Hors concours. — E. U.

H. 2m25. — L. 0m70. — Pr. 0m63.

Statue en marbre. — Figure nue un peu plus grande que nature.

Elle se tient debout, posée sur le pied droit, le pied gauche en arrière sur un rocher. Les yeux encore fermés, de ses deux bras dressés elle soulève et écarte de sa tête une longue draperie qui lui enveloppe encore les mains et retombe à grands plis par derrière, le long de ses reins.

Acquis par l'État pour le Musée national du Luxembourg.

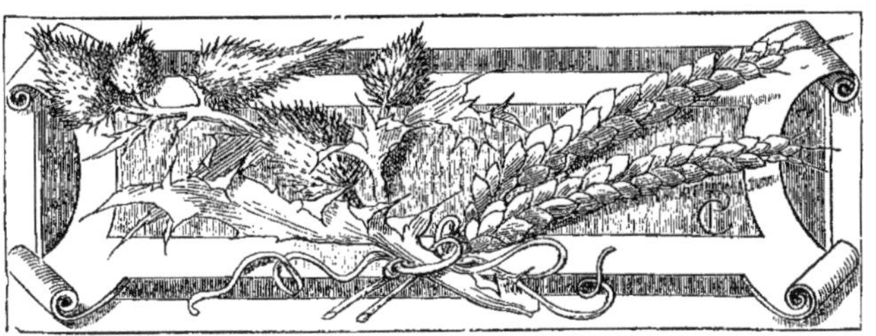

Salon de 1885

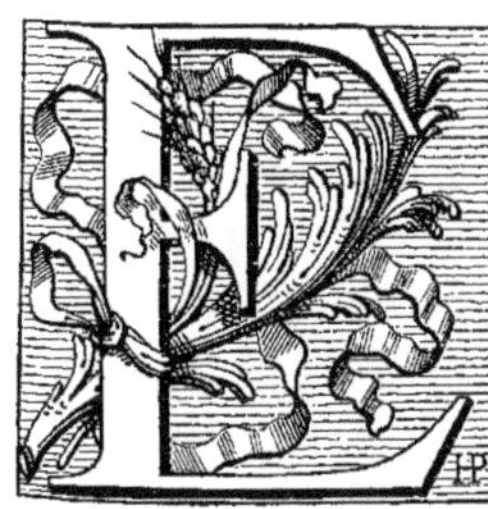

En parcourant les trente salles qui contenaient les trois mille peintures du Salon de 1885, plus d'un amateur s'est adressé cette question : « Comment se fait-il que tant d'habileté, tant de fécondité, tant d'activité, ne produisent, en somme, que de si pauvres résultats ? Comment se fait-il que, chaque année, parmi tant de cadres dont le quart au moins est l'ouvrage d'hommes de savoir et de talent, on aurait grand'peine à en trouver plus de deux cents capables de faire bonne et durable figure soit dans un musée public, soit dans une galerie de choix ? » La réponse ne nous semble pas difficile à faire. Pour expliquer cette énorme déperdition de forces, il suffit de connaître la hâte avec laquelle sont exécutées la plupart des toiles qu'on destine au steeple-chase du Salon annuel. Commencées au retour de la saison d'été, exécutées pendant les jours les plus sombres de l'hiver, elles reçoivent leur dernier coup de pinceau sur le dos du commissionnaire qui les emporte, à la dernière minute, vers la porte du Palais de l'Industrie en train de se fermer.

A cette précipitation, qu'encouragent les facilités excessives de l'admission, vient se joindre, pour troubler la tête des peintres et pour leur faire perdre le sens des conditions nécessaires de l'œuvre d'art, une ambition de plus en plus ardente d'être vite et à tout prix distingués dans ce pêle-mêle incohérent. Pour faire du tapage, comme on dit, pour mériter les réclames des nouvellistes à sensation et des salonniers à scandales, les plus pressés et les moins sérieux ne reculent ni devant les excentricités froidement calculées, ni devant les obscénités les moins excusables. Ce qu'il y a de pis, c'est que presque tous les autres, même les plus laborieux, les mieux intentionnés, les plus respectables, ne se croient pas dispensés non plus de captiver les yeux par quelque attrait plus violent et plus brutal que la perfection même de leur œuvre. Ceux qu'on remarque d'abord dans une foule, ne sont-ce pas les colosses ? Il s'agit donc, pour être remarqué au Salon, d'y tenir d'abord plus de place que les autres. Il y a déjà longtemps que cette maladie a attaqué nos peintres. Nous l'avons vue se développer chaque année avec l'accroissement de la concurrence. Aujourd'hui nous pouvons penser qu'elle atteint son paroxysme. Jamais, en effet, on n'a vu une si prodigieuse quantité de cadres énormes absolument disproportionnés à l'intérêt des peintures qu'ils contiennent ; il n'est plus de galerie publique ni privée qui puisse offrir désormais l'hospitalité à des ouvrages si encombrants, et la plupart de ces toiles gigantesques seront certainement réduites à reprendre le chemin des ateliers, ou plutôt de la soupente des ateliers, pour y dormir côte à côte, enroulées dans l'oubli, jusqu'au déménagement, à la ruine ou au décès du propriétaire.

Ces deux préoccupations, celle de faire vite, celle de faire grand, compromettent d'une façon visible l'avenir de l'école française, quelle que soit son habileté, quelle que soit son ardeur, en lui faisant perdre peu à peu deux de nos qualités nationales les plus naturelles et les moins contestées, la science du dessin et l'intelligence de la composition. La science du dessin nous est d'autant plus nécessaire qu'au fond, malgré de rares et brillantes exceptions, nous n'avons nullement le tempérament coloriste. Il suffit, pour s'en convaincre, de voir les meilleurs tableaux de notre école, ancienne ou moderne, dans des musées étrangers ou dans des expositions internationales : l'aspect général en est pâle et froid ; c'est par d'autres mérites que nous y tenons notre place. Quant à l'intelligence de la composition, c'est-à-dire à la juste convenance du sujet et de l'effet, on peut dire que c'est elle qui constitue l'œuvre d'art définitive et supérieure. Sans l'appropriation complète des moyens employés au but poursuivi, le peintre le mieux doué en est réduit toute sa vie à ne faire que des morceaux de détail ou d'insuffisantes ébauches ; il n'attache point son nom à des créations personnelles s'imposant à l'imagination humaine par l'équilibre harmonieux de la conception et de l'exécution.

C'est donc une terrible erreur de croire que les peintres ont moins besoin de dessiner et de réfléchir parce que le goût public ne leur demande plus de conceptions idéales et parce que leur imagination appauvrie ne s'élève guère, en général, au delà d'une imitation plus ou moins prudente et froide de la réalité environnante. Il est plus choquant, au contraire, de voir peint *de chic,* sans recherche des formes exactes, sans souci des particularités expressives, un mendiant ou un chaudronnier qu'un héros légendaire ou une allégorie impalpable ; on peut sans inconvénient prendre plus de liberté avec ce qu'on rêve qu'avec ce qu'on touche. L'importance légitime, et de plus en plus marquée, que prend dans les Salons la représentation de la vie contemporaine, deviendrait ainsi très vite une chose fatale si elle avait pour résultat de supprimer la science en même temps que la poésie, l'étude en même temps que le choix, le métier en même temps que l'invention, le souci de la vérité en même temps que la recherche de la beauté.

Or, la première règle de la composition, celle que chacun peut tirer de son expérience, c'est l'appropriation convenable des dimensions de l'œuvre à l'intérêt qu'elle présente, celle du mode d'exécution à ces dimensions. Traiter une miniature de tabatière comme une peinture murale, ou réciproquement, est une erreur intolérable. Nos naturalistes contemporains n'en sont pas convaincus, car ils exécutent presque tous de la même façon, par les mêmes procédés vagues et sommaires, les figures de grandeur naturelle ou les figures microscopiques, et le même coup de brosse, provisoirement à la mode, est employé sans différence pour peindre une étude gigantesque qu'il faut regarder à vingt-cinq pas et une scène réduite qu'on doit examiner sous le nez. Quant au choix des proportions, c'est une question de hasard, de fortune ou d'atelier; la plupart du temps ce sont les grandes toiles qui sont les moins remplies. Pour ne citer que deux des œuvres les plus remarquées du Salon, ne semble-t-il pas que *le Travail au chantier de Suresnes,* par M. Roll, et *les Maures en Espagne,* par M. Clairin, étant données les qualités des deux artistes, eussent singulièrement gagné à se contenir dans de plus étroites limites ? M. Roll possède, il est vrai, dans son coup de brosse, la décision, la vigueur et comme une certaine rudesse qui conviennent à la peinture murale; aussi sa peinture garde-t-elle l'apparence d'un fragment coupé dans une fresque. Par malheur, ce n'est qu'un fragment. Dans cette juxtaposition d'études vigoureuses, on ne peut saisir ni commencement ni fin, et cette absence complète d'une action intéressante rend plus choquantes encore de semblables dimensions. Chez M. Clairin, l'effort est plus marqué vers la concentration expressive et vers l'ordonnance décorative; mais ici c'est la vigueur du rendu qui manque : la force de l'exécution n'y est pas en rapport avec la grandeur des figures. M. Benjamin-Constant, lui, a toute l'énergie nécessaire pour aborder de grands sujets; il l'a prouvé, l'an dernier, par ses *Chérifas,* bien que, dans cette composition trop allongée, la lumière eût déjà quelque peine à se concentrer; mais, cette année, dans sa *Justice du Chérif,* en reprenant, sous un aspect tragique, presque le même thème, il s'est décidément trop abandonné. Ses cadavres de femme gisants côte à côte, ses bourreaux assis les uns près des autres, disséminent successivement et indifféremment l'attention tout le long de sa toile, au lieu de l'y attirer puissamment d'abord sur un point capital, comme il arrive pour toute œuvre bien coordonnée et fortement conçue. On pourrait multiplier ces exemples en les prenant chez les paysagistes et les peintres de genre aussi bien que chez les peintres d'histoire; nulle part, en général, on ne calcule suffisamment ses forces avant de mesurer sa carrière, nulle part on ne sait plus, parmi les jeunes gens, se résoudre à renfermer dans un cadre bien proportionné un sujet bien médité. Si Rembrandt, Pieter de Hoogh, David Téniers, Ruisdaël, Hobbema, revenaient par bonheur au monde, se croiraient-ils obligés de sacrifier à cette mode? On peut en douter, et nous ne savons pas ce qu'ils y gagneraient. De notre temps même, Eugène Delacroix, Decamps, Théodore Rousseau, Millet, pour ne parler que des grands morts, se sont montrés beaucoup plus réservés, bien que leurs facultés d'invention et d'exécution leur eussent permis d'agrandir leurs cadres à leur gré; cependant ils ont toujours pensé, avec les vieux maîtres, que la meilleure peinture était celle qui donnait la plus grosse quantité de sensations sous le plus petit volume. Et s'il se présentait trop rarement pour Delacroix l'occasion de déployer sur de grandes toiles la richesse de son imagination décorative, on sait alors comme il les remplissait!

Assez souvent, sans doute, ce goût marqué pour les grandes toiles dénote chez de jeunes artistes l'ambition la plus noble et la plus élevée, celle de décorer de grands édifices : dans ce cas, c'est aux administrations publiques de leur ouvrir en temps utile un champ digne d'eux, et, si elles ne le font pas, elles manquent à leurs devoirs. On peut s'imaginer, par exemple, que M. Lhermitte serait très capable de célébrer sur de grandes murailles tous les travaux, toutes les joies, toutes les peines de la vie rurale et ouvrière. Dans *le Vin,* comme autrefois dans *les Vendanges* et dans *la Paye des moissonneurs,* il semble s'y être exercé ; mais avec quelle prudence, quelle réflexion, quelle mesure ! Chacun de ces morceaux est étudié et ordonné suivant son cadre avec l'habileté du dessinateur depuis longtemps accoutumé à resserrer ses compositions pour en tirer plus d'effet. Il n'y a jamais de vide dans les tableaux ni dans les dessins de M. Lhermitte, même quand les figures y sont clairsemées ou isolées : c'est là l'une des marques de l'artiste qui pense. *Les Chevaux à l'abreuvoir,* par M. Dagnan, semblent aussi un morceau de bravoure dans lequel l'artiste, connu par ses tableaux familiers, s'efforce d'affirmer des visées plus hautes : c'est une étude vivante et précise qui ne dépasse pas les dimensions permises à ce genre de travail. En revanche, ne peut-on penser que des scènes de mœurs comme *la Séance du jury,* de M. Gervex, et *A l'orgue,* de M. Lerolle, dont l'intérêt dramatique ou historique est assez médiocre, auraient beaucoup gagné à se contenter de dimensions moins héroïques ? Il ne faut pas, vraiment, de si grandes toiles à MM. Jules Breton et Guillaumet pour bien dire ce qu'ils ont vu et ce qu'ils ont senti, et je sais, pour ma part, grand gré à M. Béraud de ne pas délayer, comme tant d'autres moins bien outillés, son esprit d'observation en des panneaux incommensurables.

Ce goût irréfléchi pour les toiles énormes semble, il est vrai, encouragé par le jury, qui, tenant un compte peut-être excessif des efforts et des dépenses que leur achèvement suppose, leur réserve volontiers ses faveurs au détriment de travaux plus modestes, mais plus consciencieux et plus utiles. Il serait facile de citer, parmi les médaillés, des artistes qui ont dû leurs récompenses bien plus à la dimension exagérée qu'au mérite intrinsèque de leurs tableaux. L'originalité, cependant, ne se mesure pas à la taille. A un point de vue plus pratique, il serait même fâcheux, au moment où la vie des artistes redevient pénible et périlleuse, qu'en persistant dans ce système ils arrivassent à se fermer eux-mêmes les portes trop petites des galeries privées ou publiques. Il nous semble donc que le jury, qui a eu cette année le louable courage de ne pas décerner de première médaille, ne trouvant personne digne de cet honneur, ferait dans l'avenir une œuvre non moins utile pour la corporation en prenant la résolution d'encourager, avant tout, sans considération de sujet ni de dimensions, les travaux les mieux réussis, les plus parfaits, les plus originaux.

On se souvient des tiraillements auxquels avait donné lieu, en 1884, le vote de la médaille d'honneur dans la section de peinture. Après trois tours de scrutin, cette haute récompense n'avait pu être décernée parce qu'aucun des concurrents n'avait obtenu la majorité absolue exigée alors par le règlement. Afin d'éviter le retour de pareilles difficultés, on avait pris, cette année, le parti, plus prudent qu'héroïque, de modifier du tout au tout ce règlement, en accordant le droit de vote non plus seulement à tous les artistes hors concours, mais encore à tous les artistes récompensés, même par une apparence de récompense, comme ceux qui ont reçu des mentions honorables. En outre, le vote ne devait plus donner lieu qu'à deux tours de scrutin : le premier pour déclarer, à la majorité absolue, s'il y a lieu de donner une médaille d'honneur, le second pour décerner cette médaille à la majorité relative. Grâce à cet expédient, on assurait, en effet, le vote d'une médaille d'honneur, mais dans des conditions beaucoup moins difficiles et qui ne paraissent pas faites pour en rehausser le prix. Au premier tour, sur 333 votants, 233 se sont prononcés pour l'affirmative et 90 pour la négative. Au deuxième tour, il y a eu 407 votants, dont les voix se sont ainsi réparties : MM. Bouguereau, 72;

Benjamin-Constant, 63; Humbert, 49; Roll, 40; Henner, 29; Jules Lefebvre, 18; Harpignies, 16; Lhermitte, 12; Lerolle, 9; Luminais, 8; Gervex, 6; Delaunay, 4; Rochegrosse, 2, etc... M. Bouguereau a donc obtenu, avec moins du sixième des voix (72 sur 407), le haut témoignage d'estime que, l'année dernière, une majorité bien plus considérable (49 sur 118), devant une œuvre plus importante, n'avait pu lui conquérir. Ainsi donc, d'après la dernière modification introduite au règlement qui interdit de décerner deux fois la médaille d'honneur au même artiste, cette récompense, d'abord destinée à signaler au public l'œuvre d'art supérieure et exceptionnelle en dehors de toute autre considération, ne devient plus que la consécration d'une carrière laborieuse et glorieuse, à laquelle chacun des peintres en renom peut aspirer à son tour. A ce titre, nul ne la méritait mieux que M. Bouguereau, que, d'autre part, des services éminents, rendus comme vice-président de la Société des Artistes et comme président du jury de peinture, désignaient naturellement à la reconnaissance de ses confrères.

La section de sculpture, malgré l'expérience également malheureuse de l'année précédente, n'avait pas cru cependant devoir, comme la section de peinture, modifier son règlement sévère en ce qui concerne la médaille d'honneur. Les trois tours de scrutin ont donc eu lieu, mais, cette fois encore, sans amener de résultats définitifs. Au premier tour, avec 77 votants, les voix se sont ainsi réparties : MM. Mercié, 8; Paris, 10; Daillion, 9; Dalou, 7; Chapu, 7; Hugues, 6; Frémiet, 3; Carlès, Gaudez, Moreau-Vauthier, Desca, Thomas, 1. Au second tour, avec 80 votants, M. Mercié a obtenu 25 voix; M. Daillion, 11; M. Paris, 9; MM. Hugues, Dalou, Chapu, 4; M. Frémiet, 3; M. Desca, 1. Au dernier tour, avec 81 votants, M. Mercié est resté en tête avec 31 voix; M. Paris a gardé 10 voix; MM. Hugues, Chapu, Daillion, 3; MM. Frémiet et Dalou, 2. Il y a eu 27 bulletins blancs. On voit que, si la majorité relative avait été suffisante dans cette section comme dans l'autre, M. Mercié eût obtenu la médaille d'honneur haut la main, et le public, qui avait si spontanément admiré sa belle figure du *Souvenir,* eût certainement ratifié le vote de ses confrères. Il est à désirer que les diverses sections de la Société des Artistes parviennent, sur ce point comme sur d'autres, à établir un règlement commun et définitif, quel qu'il soit : car les visiteurs du Salon, qui ne sauraient être au fait des fluctuations perpétuelles de cette jurisprudence incertaine, s'expliquent difficilement les résultats bizarres qu'entraîne son application. Ce n'est ni par ces impuissances périodiques à s'entendre au sujet du mérite de leurs plus éminents confrères, ni par des remaniements constants de leur législation, que les artistes donneront à leurs jugements une autorité éclatante et durable.

Les sculpteurs conservent d'ailleurs, au Salon de 1885, leur supériorité habituelle. Si toutes les œuvres d'importance qu'on y a remarquées ne joignent pas, dans une harmonie aussi parfaite que les deux figures funéraires de MM. Mercié et Chapu, la poésie de l'expression à la beauté de l'exécution, la plupart montrent chez leurs auteurs une virilité de conception et un respect des nécessités plastiques qui ne se laissent entamer ni par les théories spécieuses, ni par le mauvais goût d'une partie du public assez disposée, pour peu qu'on la laisse faire, à se laisser séduire par les charlataneries italiennes. Presque toutes les œuvres récompensées par le jury, celles de MM. Daillion, Desca, Croisy, Carlès, Hiolin, Cordier, Marioton, Levasseur, Mengin, Laporte, Leroux, Pech, se rattachent énergiquement à la tradition nationale par la franchise simple de la conception et par l'énergie savante de l'exécution. Le bon exemple est toujours donné, d'ailleurs, aux élèves par leurs maîtres, et les œuvres qu'exposent cette année MM. Guillaume, Frémiet, Dalou, Gautherin, Thomas, sont tout à fait dignes de leur réputation. C'est là qu'est actuellement la force la plus sérieuse et la plus sûre de l'école française, celle qui est sa gloire dans le présent et qui sera son salut dans l'avenir.

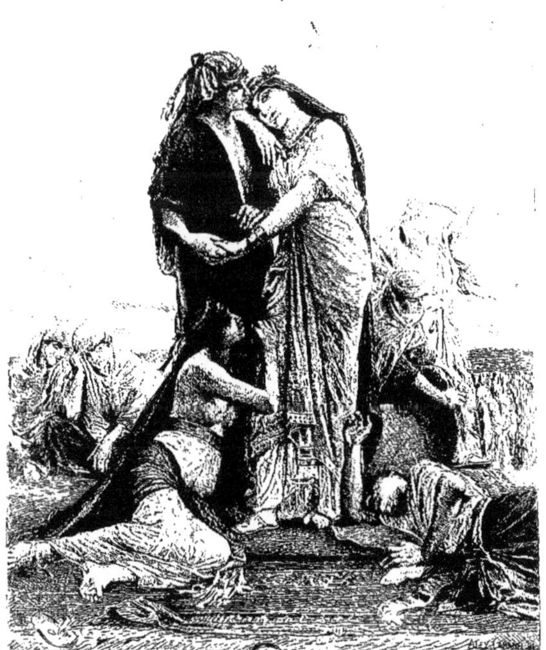

A Cabanel pinx. A. Mongin sc.

LA FILLE DE JEPHTÉ

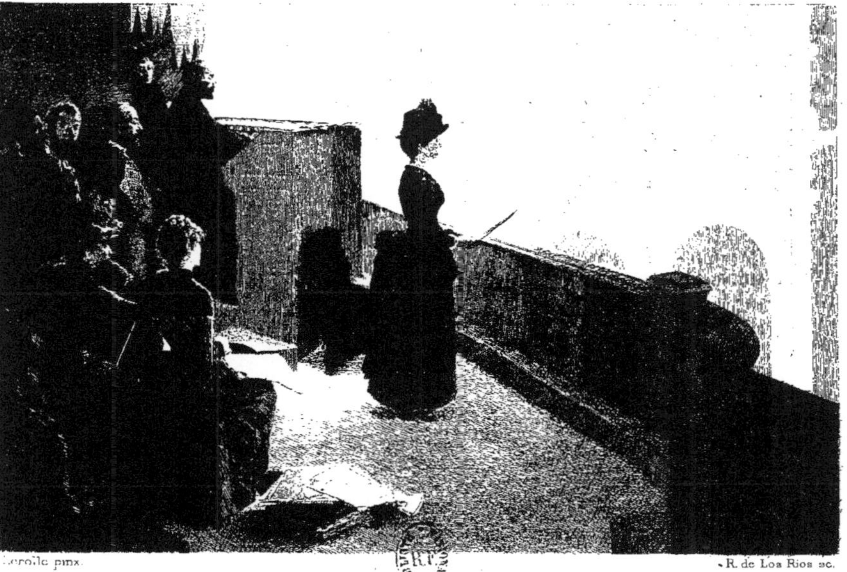

Lerolle pinx. R. de Los Rios sc.

À L'ORGUE

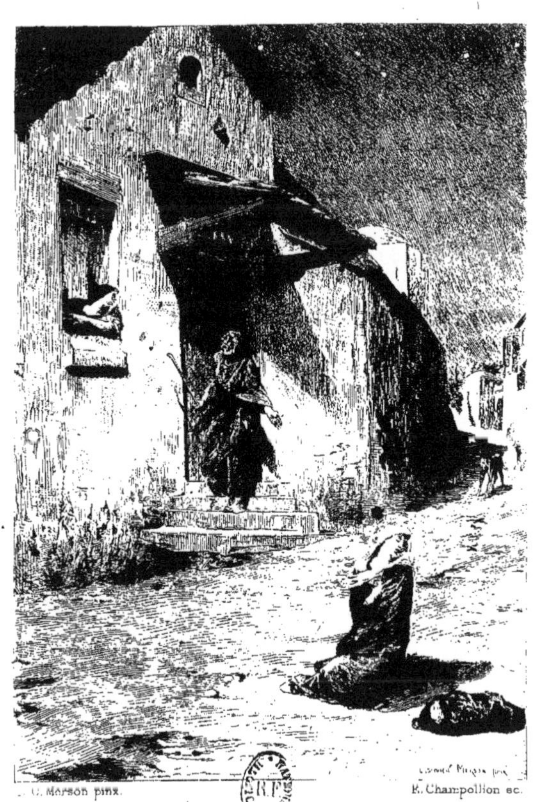

L. O. Merson pinx. E. Champollion sc.

L'ARRIVÉE A BETHLÉEM

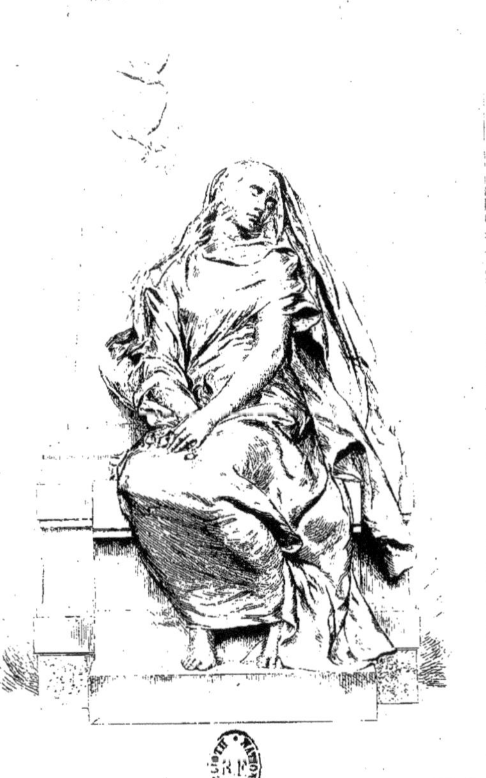

Gravé par Duvivier d'après Mercié.

LE SOUVENIR

ŒUVRES GRAVÉES

PEINTURE

N° 432. *La Fille de Jephté.* — CABANEL (Alexandre). Hors concours.

H. 1m35. — L. 1m.

Au premier plan, debout, de face, dans une campagne aride, la jeune fille, vêtue, à l'orientale, d'étoffes légères et pailletées, appuie, à gauche, sa tête sur l'épaule d'une de ses compagnes, qui la regarde en lui serrant la main. A droite, une autre, assise sur un tapis, la poitrine nue, lui embrasse les genoux; une troisième se roule à terre. Au deuxième plan, quatre autres jeunes femmes dans des attitudes de douleur, deux assises à terre, une assise sur une pierre, la quatrième debout et se tordant les mains. Deux autres accourent dans le lointain. Au fond, un lac devant des montagnes bleuâtres.

N° 1553. *A l'orgue.* — LEROLLE (Henry). Hors concours.

H. 2m35. — L. 3m60. — Fig. de grandeur naturelle, en pied.

Au milieu, sur l'avancée d'un balcon en bois peint, à l'étage supérieur d'une église dont la nef s'étend, au fond, en contre-bas, sur la droite, se tient, debout, de profil, tournée vers l'église, une jeune fille en costume vert sombre, coiffée d'un large chapeau à plumes jaunes, tenant des deux mains une feuille de musique. Derrière elle, sur la gauche, au deuxième plan, près de l'organiste assis devant son clavier, trois messieurs, debout, de profil, dans l'ombre du buffet, et, sur le devant, au premier plan, deux dames assises : l'une, la tête nue, en robe brune, tenant sur ses genoux un cahier de musique; l'autre, vêtue de noir, des fleurs jaunes à son chapeau, accoudée sur la chaise de sa voisine. Sur le plancher, des livres et des cahiers de musique.

12

N° 1739. *L'Arrivée à Bethléem.* — MERSON (Luc-Olivier). Hors concours.

H. 0^m80. — L. 0^m55.

A droite, au premier plan, sur le milieu de la rue, la Vierge, tombée sur ses genoux, dans une attitude de fatigue et d'accablement, s'enveloppe dans son manteau, la main droite sur la poitrine. A ses pieds, un petit paquet. Sur la gauche, une maison éclairée avec un auvent en bois sous lequel saint Joseph se tient en suppliant, tandis qu'une vieille femme, par une fenêtre ouverte, se penche en le renvoyant du geste. Au fond de la rue tournante s'avancent quatre chiens aboyant et menaçant. Ciel pâle semé d'étoiles.

SCULPTURE

N° 4000. *Le Souvenir.* — MERCIÉ (Antonin). Hors concours. — E. U.

H. 2^m40. — L. 1^m25. — Pr. 1^m40.

Haut-relief en marbre. — Fig. de grandeur naturelle.

Sur un piédestal, devant la façade d'un tombeau en forme de cône tronqué, une jeune femme, vêtue d'une longue robe, les pieds nus, assise, de face. La tête inclinée à droite sous un léger voile flottant, les yeux fermés, elle s'affaisse, laissant tomber des fleurs de ses mains, qui pendent sur ses genoux. A côté d'elle, quelques fleurs. Sur la façade du tombeau, en très bas relief, deux colombes envolées, dont l'une porte des fleurs.

POUR LE TOMBEAU DE Mme C... F...

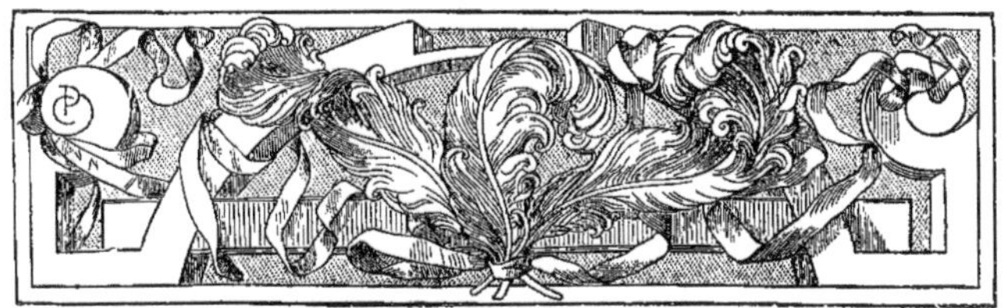

Salon de 1886

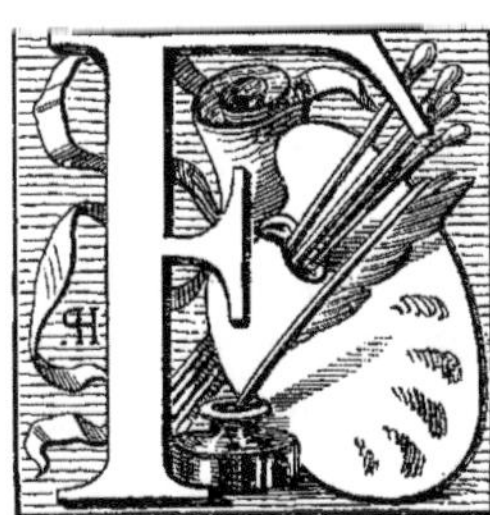

FAIRE, chaque année, le même procès aux exposants des Champs-Élysées, leur reprocher une précipitation de pensée et de mise en œuvre qui se trahit dans presque toutes les peintures, ce serait une redite banale autant qu'inutile. Tant que le régime actuel des expositions ne sera pas modifié en vue d'un choix plus rigoureux, nous assisterons à ce spectacle d'une agitation plus bruyante que féconde et d'une dépense de travail tout à fait disproportionnée à la somme des résultats obtenus; tant que durera cette tolérance scandaleuse, l'encombrement croissant des médiocrités vaniteuses et illusionnées stérilisera de plus en plus les efforts isolés des artistes sérieux, comme il abaissera de plus en plus le goût incertain des visiteurs fatigués. Il faut donc en prendre son parti; en attendant qu'un revirement fatal de l'opinion publique exige, de la part des organisateurs du

Salon, une jurisprudence plus sévère, on ne pourra que s'efforcer de trier le mieux possible, dans toute cette pacotille, les quelques œuvres d'art qui s'y trouvent mêlées, on ne pourra que soutenir, dans cette cohue, avec une énergie de plus en plus nécessaire, les rares combattants dont le caractère résiste à ce milieu débilitant et qui gardent encore, dans ce délaissement général des principes réfléchis, des études consciencieuses et des hautes ambitions, le respect de leur dignité et l'amour de leur métier.

Les deux peintres d'histoire dont les vastes toiles occupaient les parois principales du grand salon d'entrée, MM. Puvis de Chavannes et Benjamin-Constant, ne se sont pas montrés inférieurs à eux-mêmes en affirmant, avec plus de décision que jamais, leurs personnalités si différentes. Le grand triptyque de M. Puvis de Chavannes, destiné à l'escalier du musée de Lyon, *la Vision antique, l'Inspiration chrétienne, le Rhône et la Saône,* est, au point de vue de l'ordonnance linéaire, de la conception poétique, de la tonalité harmonique, l'une des œuvres les mieux réussies de ce savant décorateur. Comprendre un sujet par ses côtés les plus élevés et les plus simples, en disposer les figures avec justesse et clarté, le présenter dans son ensemble coloré avec un charme profond et pénétrant, ce sont là des mérites assez rares pour qu'on les admire sans marchander par le temps qui court. Aussi le public, surpris et charmé par les chastes évocations dues au dilettantisme ému de M. Puvis de Chavannes, s'est-il montré, avec raison, aussi disposé que jamais à ne point lui demander, dans l'accentuation de ses figures, plus de précision qu'il ne plaît à son rêve d'en donner. Nous nous associons à cette facile indulgence; mais, si nous acceptons M. Puvis de Chavannes tel qu'il est, nous protestons énergiquement contre la réduction en système de ses procédés, qui détermineraient, à brève échéance, la décadence de notre école, déjà si gravement compromise, depuis quelques années, par l'insuffisance des études préliminaires et le relâchement des préoccupations techniques. Un pareil parti pris d'harmonies douces et calmes, de lignes paisibles et bien équilibrées, de figures indécises à gestes naïfs, sans action vive, sans modelés précis, peut convenir quelquefois à une décoration de murs plats dans un édifice sévère; on ne saurait déjà plus l'appliquer sans de grandes modifications dans une architecture animée et somptueuse, dans des salles de fêtes ou de réunions, dans des voussures ou des plafonds. A plus forte raison ne pourrait-on s'en contenter lorsqu'il s'agit d'une peinture mobile, grande ou petite, d'un tableau enfermé dans un cadre. En effet, un tableau vit de sa propre vie : il peut, il doit contenir une action concentrée ou un spectacle complet. La distribution des lumières, l'exactitude des formes, l'intensité des expressions, la précision des détails, toutes choses qu'un décorateur, dans certaines conditions, peut exceptionnellement négliger, y joueront toujours le rôle le plus important.

Nos peintres se mettraient dans une contradiction dangereuse avec le mouvement général de la pensée contemporaine, qui demande chaque jour à l'art comme à la littérature plus de précision et plus de couleur, s'ils se laissaient aller sur cette pente facile. Aussi a-t-on pu voir avec regret un certain nombre de peintres distingués, se trouvant chargés de décorations murales dans des édifices publics, entraînés par l'exemple de M. Puvis de Chavannes, sans se rendre un compte exact des exigences diverses de l'emplacement ou du sujet, chercher uniformément l'expression harmonique dans une atténuation générale de la forme et de la lumière, lors même qu'il s'agissait de mettre en scène des figures contemporaines pour lesquelles s'impose la réalité du rendu. Un peu plus de solidité et d'éclat n'eût point nui aux compositions héroïques et poétiques de MM. Humbert, Émile Lévy, Comerre, qu'on s'est accordé pour admirer en première ligne sous d'autres rapports. D'autre part, il a suffi à MM. Benjamin-Constant, Henri Lévy, Jean-Paul Laurens, et à quelques autres, de se montrer plus fidèles aux traditions de force, de chaleur, d'agrément, qui sont celles de la peinture française depuis près d'un siècle, pour obtenir un sérieux et légitime succès. Le *Justinien* de M. Benjamin-Constant faisait face au triptyque de M. Puvis de Chavannes, et l'on ne pouvait imaginer de contraste plus frappant. Tandis que les figures de M. Puvis de Chavannes, simplifiées comme dans un rêve, à peine vêtues ou modestement drapées, semblaient prêtes à se perdre dans un crépuscule immatériel, les figures réelles de M. Benjamin-Constant, énergiquement accentuées, chargées de costumes éclatants, s'étalaient résolument dans une de ces architectures solides que ce peintre des marbres polis, des métaux luisants, des étoffes somptueuses, excelle à construire et à décorer. Cette magnificence du décor écrasait sans doute quelque peu les acteurs : on se prenait à regretter que la matière inerte ne fût pas, dans cette toile éclatante, mieux subordonnée à l'humanité vivante ; néanmoins, on gardait de cet éblouissement oriental une vive et forte impression. Le *Saint Jean-Baptiste* de M. Henri Lévy, tout plein de l'esprit brillant des décorations mouvementées du XVIIe siècle, morceau hardi et fier, d'une exécution libre, savante, animée, réchauffait vraiment les yeux, attristés par l'uniformité terne et pâle des peintures environnantes. Quant à M. Jean-Paul Laurens, dans un petit cadre anecdotique il avait su montrer son talent de peintre mûrissant chaque jour par la réflexion et acquérant, par le travail, plus de souplesse, de chaleur et de liberté. C'était encore avec intérêt qu'on s'arrêtait devant le *Roméo et Juliette* de M. Albert Maignan et devant *la Folie du roi Nabuchodonosor* de M. Rochegrosse, bien qu'il soit arrivé souvent à M. Maignan de traiter des sujets littéraires avec une plus heureuse simplicité, et que M. Rochegrosse n'ait pas encore donné, dans cette toile trop anecdotique, ce qu'on est en droit d'attendre, après l'éclat de ses débuts, d'un esprit si curieux et d'une imagination si vive.

Il faut vraiment savoir gré de leurs efforts heureux à

MM. Puvis de Chavannes, Benjamin-Constant, Humbert, Émile et Henri Lévy, Comerre, Maignan, Rochegrosse et quelques autres, alors que l'appauvrissement de l'imagination poétique et pittoresque devient plus visible chaque jour chez nos peintres de figures en même temps que s'accentue leur soumission irréfléchie aux déclamations courantes sur la modernité de l'art. Le mépris naturel ou affecté pour toute haute culture intellectuelle, qui caractérise bon nombre des nouveaux venus, se trahit d'ailleurs par leur impuissance à saisir ce que toute réalité contient de grandeur ou de grâce autant qu'à s'élever jusqu'aux conceptions d'ensemble dans l'ordre historique ou idéal. La plupart des nudités exposées au Salon marquent avec une brutalité navrante ce refroidissement de l'esprit. Il est bien peu de ces morceaux de chair, copiés sur le modèle inerte avec l'indifférence du photographe, qui témoignent, par la pureté des lignes, la splendeur des formes, l'exaltation de la couleur, une émotion délicate ou même une sensation profonde ressentie devant la créature et la vie. Des apparitions poétiques comme *la Solitude* de M. Henner, des études hardies et brillantes comme *l'Éveil* de M. Carolus-Duran, ou délicates et gracieuses comme *le Floréal* de M. Collin, sont des exceptions trop rares au milieu d'une nombreuse et bien mauvaise compagnie. Là, comme partout, on perd l'habitude de la composition, c'est-à-dire de la réflexion, et cette paresse d'esprit, qui se trahit par des à peu près d'exécution comme par des à peu près de sensation, laisse à bien peu d'ouvrages prendre cette solidité qui est surtout nécessaire à de simples morceaux de bravoure brossés pour le seul régal des yeux.

C'est dans le portrait, c'est-à-dire dans un genre restreint, se prêtant sans doute aux plus beaux développements de l'observation comme aux raffinements les plus exquis de l'exécution, mais n'exigeant, en somme, ni des efforts prolongés, ni une conception puissante, que notre école fatiguée garde encore, par sa franchise, une incontestable supériorité. Par la précision rigoureuse de son dessin, comme par la chaude solidité de sa peinture et la netteté virile de ses expressions, M. Élie Delaunay est un véritable maître. On en peut dire autant de M. Bonnat, qui, cette année, a fixé les traits de M. Pasteur et de M. le vicomte Henri Delaborde en des images si vigoureusement frappées; de M. Jules Lefebvre, qui a donné à ses deux portraits de femmes, d'une distinction si naturelle, l'autorité d'un style ferme et pur dont il reste aujourd'hui presque le seul à maintenir la tradition, et enfin de M. Cabanel, qui, dans sa longue et belle carrière de portraitiste, a rarement fait preuve d'autant de grandeur simple, de force expressive, que dans les deux figures en pied, si calmes et si honnêtes, du *Fondateur* et de la *Fondatrice de l'ordre des Petites-Sœurs des pauvres*. La jeune école, de son côté, qui cherche à donner plus d'animation au portrait en plaçant hardiment les figures soit en plein air, soit dans leur milieu habituel, a produit des œuvres fort intéressantes, qui ont mis, une fois de plus, en lumière les noms de MM. Roll, Friant, Fantin-Latour, Mathey, Courtois, Doucet, Morot, Machart, Wencker et quelques autres.

La peinture de genre anecdotique, rustique ou mondaine, qui absorbe aujourd'hui presque toute l'attention du public et presque toute l'activité des artistes, ne nous semble pas fournir proportionnellement un aussi grand nombre d'œuvres définitives. Sur ce terrain-là nous nous laissons depuis quelques années gagner de vitesse par les étrangers, qui, dans leur observation de la réalité, apportent fréquemment beaucoup de simplicité, de gravité, de sensibilité. Le contingent qu'ils fournissent à nos expositions nouvelles grossit chaque année non seulement en quantité, mais encore en qualité. Cependant nous avons des maîtres expérimentés, comme MM. Gérome, Boulanger, Jules Breton, qui, avec des qualités bien différentes, mais avec un égal souci de la perfection, restent constamment au premier rang, et un certain nombre de jeunes artistes, comme MM. Dagnan-Bouveret, Brouillet, Marec, Geoffroy,

Gueldry, qui, dans leur manière simple et émue de traiter les scènes populaires, se montrent disposés à accepter la lutte avec tous les rivaux qui surgissent en ce moment des Pays-Bas, d'Allemagne, d'Espagne, d'Angleterre et d'Amérique. Les mêmes éléments d'émulation se montrent dans la section du paysage ; mais là nous avons un plus grand nombre de vaillants combattants, jeunes et vieux, et le seul danger qu'on y court, c'est de ne pas toujours proportionner les dimensions du contenant à la valeur du contenu et de délayer ses impressions dans de trop vastes cadres. Cependant un des survivants, toujours jeune, de la grande génération, M. Français, reste là pour leur prêcher d'exemple et pour leur montrer qu'aujourd'hui comme autrefois une toile de quelques pouces vaut autant qu'une toile de plusieurs mètres quand elle est bien remplie et que chaque touche y a sa valeur et sa signification. Autour de lui MM. Vollon, Harpignies, Pelouse, Rapin, Boudin, Zuber, Dumont, se montrent convaincus de la même vérité.

Le jury de peinture, qui montre tant de faiblesse dans les opérations de l'admission, a retrouvé, comme les années précédentes, dans les premiers moments, un peu plus d'énergie lorsqu'il s'est agi de décerner les hautes récompenses. Il a déclaré qu'il n'y avait pas lieu de décerner de première médaille. Dans la distribution des secondes et des troisièmes médailles il s'est appliqué, avec une impartialité qu'il est juste de reconnaître, à récompenser les mérites divers d'ordre secondaire qui l'avaient frappé. La peinture réaliste des mœurs contemporaines a été récompensée en MM. Marec, Brouillet, Geoffroy, Baudoin, de Winter, Perrandeau, Gelhay, Gilbert, Hubert Vos, Halkett, Durangel, Blayn ; la peinture historique, sous sa forme archéologique, en M. Bordes, et, sous sa forme classique, en MM. Vimont et Luna ; la peinture militaire, en MM. Médard et Grolleron ; la peinture décorative, en M. Ruel ; la peinture de portrait, en MM. Meslé et Lahaye ; le paysage traditionnel, en MM. Albert Girard et Saïn ; le paysage d'impression, en

13

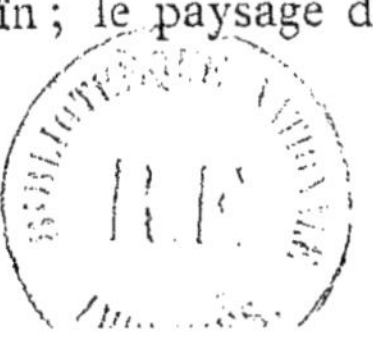

MM. Loir et Binet; la peinture de fleurs, en MM. Cesbron, Thomas, Rivoire; la peinture de nature morte, en MM. Bail et Zakarian. Parmi les artistes signalés de la sorte, il se trouve quelques hommes mûrs qui ont probablement atteint le maximum de leur force; mais il en est d'autres plus jeunes, presque à leurs débuts, dont les qualités déjà brillantes marqueront sans doute avec plus d'éclat dans l'avenir. On a remarqué aussi quelques œuvres pleines de jeunesse et rayonnantes d'espérance dans les quarante-six peintures que le jury, avec une bienveillance parfois difficile à comprendre, a généreusement honorées d'une mention, notamment celles de quelques peintres étrangers dont les noms s'y mêlent en assez grand nombre à ceux d'estimables amateurs, de respectables dames, d'aimables demoiselles. Cette section largement hospitalière pourrait s'appeler la section de politesse; en l'ouvrant aussi facilement, on fait d'ailleurs moins d'heureux que de mécontents : ceux qui restent à la porte se trouvent, parfois avec raison, aussi méritants que ceux qu'on y accueille, et se lamentent d'autant plus fort qu'ils sont soutenus par l'opinion publique.

La médaille d'honneur, dans la section de peinture, a été donnée, comme l'année précédente, par tous les artistes récompensés, réunis au nombre de 370. Comme d'habitude, l'entente n'a pu se faire au premier tour : M. Jules Lefebvre n'a obtenu que 136 voix, lorsqu'il en fallait 186 pour atteindre la majorité absolue; mais il dépassait de beaucoup déjà tous ses concurrents, dont les plus proches, MM. Benjamin-Constant et Humbert, n'avaient rallié l'un que 69 voix, l'autre que 38. Au second tour, M. Lefebvre a passé haut la main avec 183 voix, c'est-à-dire la majorité absolue, sur 354 votants, lorsque le quart seul des voix était exigé. C'est donc une des médailles d'honneur décernées dans la section avec le plus d'entrain possible, comme la récompense d'une carrière très honorable et très laborieuse.

Dans la section de sculpture, le jury plus restreint (composé seulement des artistes hors concours) n'a pu, malgré le grand nombre de belles œuvres exposées, s'entendre pour décerner la médaille d'honneur. Au premier tour de scrutin M. Chaplain, graveur en médailles, a obtenu 9 voix, M. Schœnewerk 9, M. Mercié 28, M. Longepied 7, M. Peynot 7, M. Lanson 4, M. Aizelin 3, M. Cain 2, MM. Dubois, Leroux, Franceschi, 1. Les deux tours suivants n'ont pas donné non plus de résultats, le règlement plus sévère des sculpteurs exigeant toujours, pour l'obtention de cette haute récompense, la majorité absolue des voix. Si un règlement uniforme était appliqué à toutes les sections, si le quart des voix avait suffi chez les sculpteurs comme chez les peintres, c'est le pauvre Schœnewerk, mort si malheureusement, qui eût recueilli sur sa tombe cet hommage tardif de ses confrères, hommage bien dû à une existence si laborieuse et à une série d'œuvres si charmantes, car au dernier tour on avait enfin réuni 17 voix sur son nom. En maintenant la rigueur de leur règlement, les sculpteurs, nous le reconnaissons, conservent à leurs récompenses une plus haute valeur et donnent un bon exemple, que les autres sections pourraient imiter utilement. Il n'en reste pas moins fâcheux pour le public que les artistes du rez-de-chaussée et ceux du premier étage ne puissent s'entendre à ce sujet, car les résultats donnés par cette diversité des statuts sont chaque année pour lui un sujet nouveau d'étonnement : les gens simples ont beaucoup de peine à comprendre que la médaille d'honneur trouve si facilement à se placer dans les galeries de la peinture, dont la médiocrité générale frappe tous les yeux, tandis qu'on ne sait jamais à qui la remettre dans ces galeries de sculpture, où, depuis un certain temps, presque tous les ans, quatre ou cinq chefs-d'œuvre se disputent l'admiration des connaisseurs. Il est probable que, si MM. Mercié et Paul Dubois n'avaient pas déjà obtenu plusieurs fois cette marque d'admiration, ils seraient entrés plus sérieusement en ligne avec leurs deux belles œuvres, le *Tombeau du roi Louis-Philippe et de la reine Marie-*

Amélie et la *Statue équestre du connétable de Montmorency*.

Le jury de sculpture a réparti ses autres récompenses avec sa discrétion et sa gravité habituelles : deux premières médailles seulement, à MM. Peynot et Boucher, justement conquises par des ouvrages savants d'une hardiesse de bon aloi ; sept secondes médailles et onze troisièmes médailles, constatant des progrès marqués chez des artistes déjà en vue, ou signalant des débuts intéressants. En revanche, il s'est montré plus prodigue encore de mentions honorables que le jury de peinture. Soixante et un artistes lui ont paru mériter cette attention ; il faut avouer que, dans le nombre, quelques-uns s'étaient distingués par l'envoi de travaux vraiment remarquables, pour lesquels ils pouvaient espérer plus encore sans trop de présomption. Toutefois, ce serait avec peine que nous verrions à son tour le jury de sculpture, soit pour les admissions, soit pour les récompenses, s'engager, même en fait de distinctions honoraires, dans cette voie des bienveillances excessives qui n'est utile à personne, ni aux artistes ni au public. Les conséquences fâcheuses de ce laisser-aller sont trop visibles chez les peintres pour que les sculpteurs puissent avoir envie, ce semble, de les imiter sur ce point.

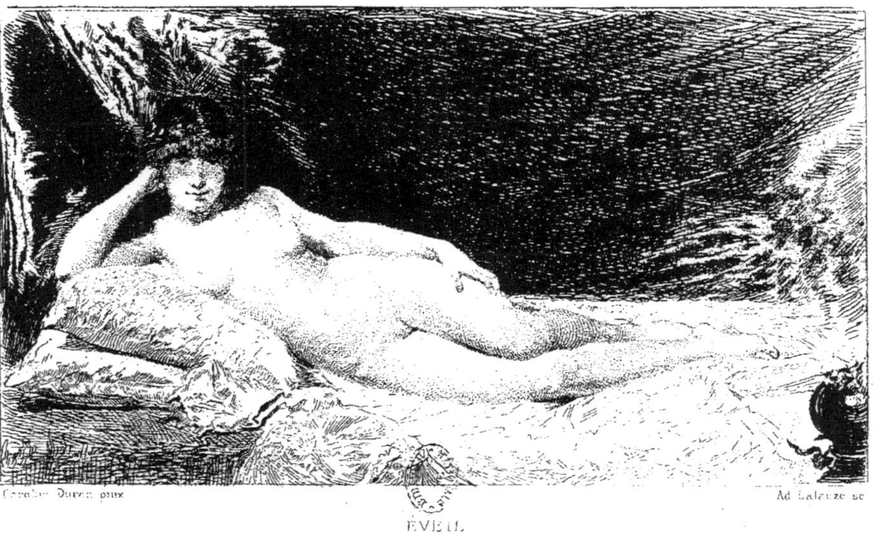

Carolus Duran pinx — Ad Lalauze sc

ÉVEIL

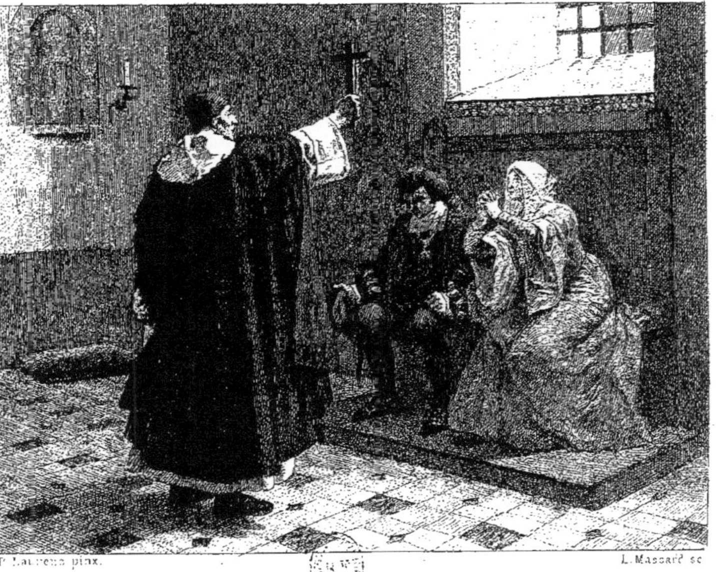

J. P. Laurens pinx. L. Massard sc.

LE GRAND INQUISITEUR CHEZ LES ROIS CATHOLIQUES

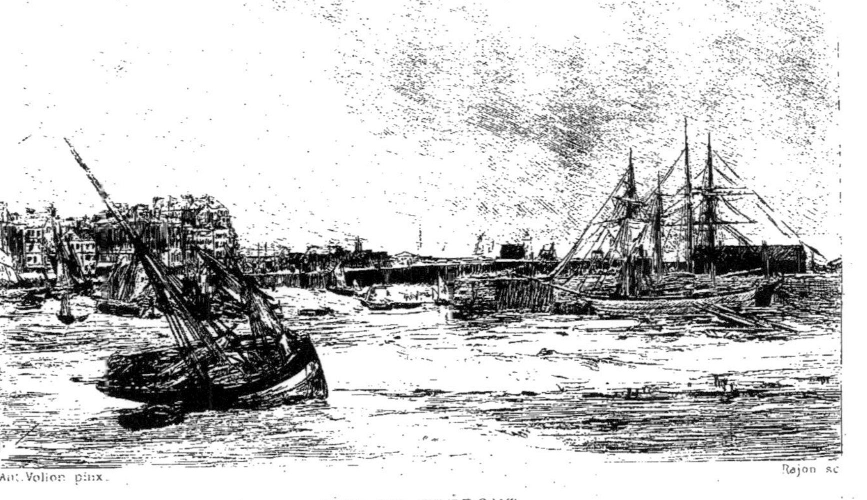

Ant. Vollon pinx. Rajon sc

VUE DU TRÉPORT

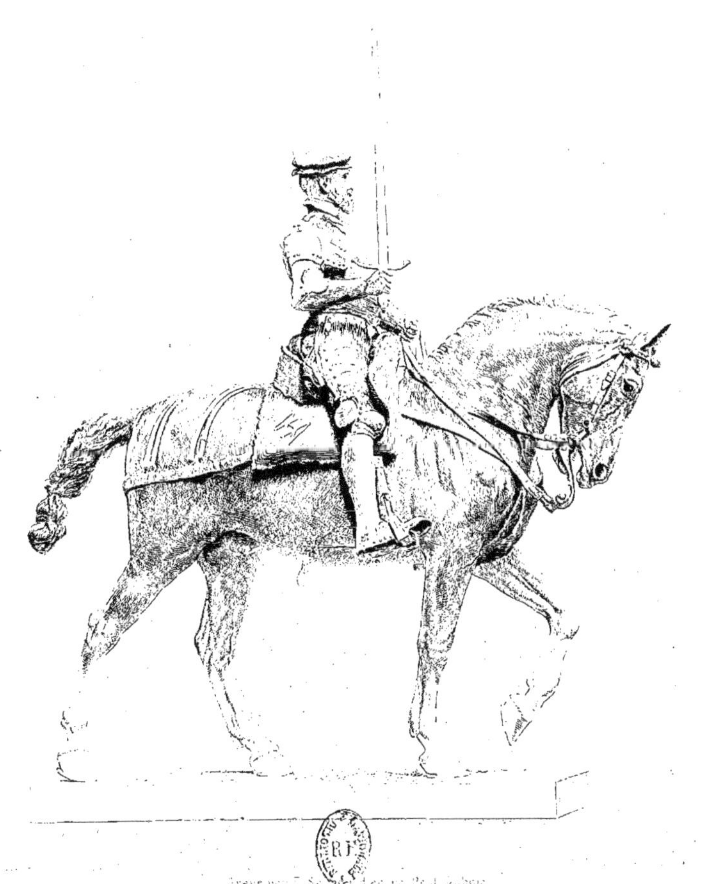

Gravé par [illegible] d'ap. Paul Dubois

LE CONNÉTABLE ANNE DE MONTMORENCY

ŒUVRES GRAVÉES

PEINTURE

N° 443. *Éveil.* — CAROLUS-DURAN (Émile-Auguste). Hors concours. — E. U.

H. 1m06. — L. 1m86. — Fig. grandeur naturelle.

Jeune femme nue, aux cheveux roux flottants, couchée, la tête à gauche, sur un lit en désordre. Elle s'accoude sur le bras droit, se montrant de face, sur une pile de coussins blancs; son bras gauche est allongé sur sa cuisse. A droite, un brûle-parfums en bronze. Au fond, une tenture de peluche brune.

N° 1376. *Le Grand Inquisiteur chez les rois catholiques.* — LAURENS (Jean-Paul). Hors concours.

H. 1m16. — L. 1m50.

A droite, sur un banc de chêne à dossier, sous une fenêtre grillée, sont assis, presque de face, Isabelle et Ferdinand. La reine, en robe verte semée de fleurs blanches, à revers roses, la tête couverte d'une grande coiffe blanche, portant au cou une croix de grenats, tend ses mains croisées en se penchant en avant; à sa droite, le roi, en manteau fourré, la tête baissée, la main gauche posée sur le genou, tient sa toque de velours de la main droite. A gauche, en face d'eux, s'avance, vu de profil, le grand inquisiteur, en robe blanche et manteau noir, leur montrant dans sa main droite levée un crucifix. Au fond, à gauche, près d'une image sainte, dans la muraille, un cierge allumé.

N° 2411. *Vue du Tréport (Seine-Inférieure)*. — VOLLON (Antoine). Hors concours. — E. U.

H. 0m53. — L. 0m69.

Au premier plan, une cale à mer basse; à gauche, une barque de pêche avec sa chaloupe couchée dans la vase; au fond, un long quai avec des maisons en briques rouges. A droite, plusieurs marins devant un môle, et, par delà, la mer, très verte sous un ciel gris, avec quelques éclaircies de bleu.

SCULPTURE

N° 3833. *Le Connétable Anne de Montmorency*. — DUBOIS (Paul). Hors concours.

Statue équestre en plâtre.

Esquisse, aux deux tiers, de la figure exécutée pour le château de Chantilly.

Droit en selle, sur son cheval qui marche au pas, couvert d'une armure ciselée, coiffé d'une petite toque, le Connétable, ses rênes dans la main gauche, tient de la droite, haute et ferme, une grande épée. La selle, un peu élevée, est garnie d'une étoffe brodée portant à ses angles le chiffre M. Le fourreau de l'épée est orné de fleurs de lys.

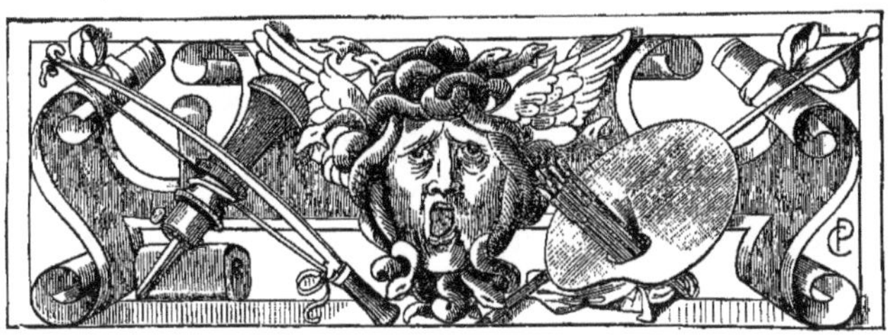

Salon de 1887

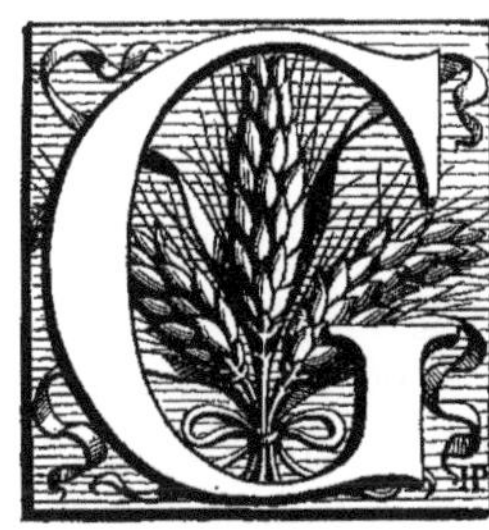

GRACE au relâchement des études sérieuses, dû à la fréquence excessive des expositions et à la facilité des succès éphémères, grâce à la complicité naïve d'une presse tolérante et d'un public mal préparé qui ne voient de plus en plus dans ces expositions qu'une occasion de bavardages, de réclames, de compliments et de distractions, le Salon annuel conserve toujours son aspect de déballage forain. Les marchandises de toute provenance, fabriquées la plupart à la hâte, s'y empilent les unes sur les autres sans méthode et sans choix, s'efforçant d'y tirer l'œil par la grandeur des toiles, par l'étrangeté des cadres, par la vivacité des couleurs, beaucoup plus que par leurs qualités intrinsèques et durables. Les produits falsifiés, de surface brillante et de fond inconsistant, abondent même de plus en plus sur le marché banal des Champs-Élysées, à mesure que la multiplicité croissante des écoles et des académies développe chez un plus grand nombre d'artistes, d'industriels, d'amateurs, une facilité de main-d'œuvre, banale et trompeuse, qu'on peut prendre, au premier abord, pour du talent.

Le spectacle de cette activité désordonnée ne laisse pas d'être amusant, et même, par certains côtés, instructif. On en prendrait donc volontiers son parti, sauf à gémir *in petto* du temps qu'on perd à trier de trop rares élus parmi cette énorme cohue d'appelés, si l'on ne s'apercevait vite que les exposants ont à souffrir, autant que le public, de ces promiscuités grossières. En réalité, les meilleurs artistes se gâtent à se trouver si fréquemment en des compagnies inférieures et compromettantes. Un niveau moyen semble s'établir depuis quelques années, qui tend à donner aux galeries du Salon un aspect d'uniformité peu rassurante pour l'avenir. Le nombre des œuvres acceptables, impliquant une certaine habileté de la main et une certaine souplesse de l'intelligence, augmente dans des proportions remarquables. Par malheur, le nombre des œuvres supérieures, portant la marque d'une individualité décidée, soit par le tempérament, soit par la science, soit par la conviction, diminue d'une façon plus sensible encore. Après quelques journées agréables passées au milieu de ces peintures toujours séduisantes dans leur première fraîcheur, si l'on veut faire le compte de celles qui doivent se fixer légitimement dans le souvenir, on reste surpris et inquiet de leur infime quantité, en la comparant à l'énorme total des œuvres exposées qui portent l'empreinte d'un talent médiocre.

Les circonstances pourtant sembleraient propices à des tentatives hardies et soutenues. A aucune époque les peintres n'ont joui d'une pareille liberté d'allures au milieu d'un public plus disposé à accepter tous leurs caprices et à admirer toutes leurs fantaisies. On n'a jamais fait si complètement table rase des théories et des traditions. Pourvu qu'un tableau ait quelque éclat, pourvu qu'il révèle chez son auteur une impression sincère, on est tout prêt à le regarder comme un chef-d'œuvre, quels qu'en soient le sujet, la tendance, la portée. L'amour sincère de la nature extérieure, l'observation sympathique des réalités familières, la curiosité des choses contemporaines, très développés dans le public en ces derniers temps par le courant général de la science et de la littérature, le prédisposent à accueillir favorablement, dans cet ordre d'idées, toutes les innovations qu'on lui peut présenter. Si le nombre des œuvres sérieuses et complètes n'est pas plus grand chaque année, la faute en est donc bien aux artistes eux-mêmes, qui, lorsqu'ils sont jeunes, abrègent de plus en plus leur apprentissage, et, lorsqu'ils sont mûrs, négligent de plus en plus l'exécution de leurs œuvres, n'apportant ainsi, dans les deux cas, que des productions médiocres, malgré le talent qu'ils possèdent, par suite d'une infériorité technique ou d'un achèvement insuffisant.

Il va de soi qu'avec si peu de goût pour les efforts de travail chez les peintres et si peu de goût pour les efforts d'attention chez le public, les tableaux historiques deviennent de plus en plus rares. Pour mettre en scène, dans un milieu convenable, un certain nombre de figures en action, d'une époque connue et d'un caractère déterminé, il faut en effet une somme de science et de labeur qui dépasse de beaucoup les ambitions courantes. Cette pénurie de peintres d'histoire est d'autant plus fâcheuse qu'elle se manifeste au moment où notre pays aurait le plus besoin de leur concours. Il n'est que deux sortes d'édifices qui puissent, en notre temps, fournir aux peintres un champ d'action comparable à celui que leur offrirent longtemps les édifices religieux : ce sont, d'un côté, les monuments consacrés aux grands actes de la vie civile, hôtels de ville, palais de justice; de l'autre, tous les établissements destinés à l'instruction publique, musées, bibliothèques, facultés, écoles supérieures, etc. Dans presque toutes ces constructions, qui s'élèvent rapidement sur notre sol, il y a place pour des décorations d'un caractère instructif et moral. Malheureusement, la hâte que les jeunes peintres mettent presque tous à abandonner leurs maîtres, l'indifférence qu'ils apportent dans le choix de leurs sujets, le mépris qu'ils affectent pour toute culture intellectuelle et morale, donnent tout lieu de craindre que la génération nouvelle, amollie par des succès faciles et désaccoutumée des grands efforts, ne se trouve tout à fait inférieure à la tâche magnifique qu'elle aurait à remplir. Il faut donc saluer avec respect les rares obstinés qui, soit dans la génération mûrissante, soit dans la génération grandissante, malgré les indifférences ou les hostilités d'un milieu momentanément réfractaire, maintiennent avec dignité leur indépendance d'imagination et refusent d'asservir la noblesse de leur rêve à la grossièreté facile du mercantilisme dominant. Parmi ces fidèles tenants de l'idéal déserté se tient toujours au premier rang M. Puvis de Chavannes. Son projet de décoration pour le grand amphithéâtre de la Sorbonne nous le montre plus affermi que jamais dans cette conviction si raisonnable, que, s'il est nécessaire de respecter certaines traditions scolaires fondées par l'expérience sur les nécessités invariables, il est non moins indispensable de les rajeunir et de les vivifier par l'observation directe et sincère de la nature. S'il s'est, d'une part, rattaché, plus franchement même que l'école académique, à la vraie tradition classique, en allant demander des conseils aux peintures primitives de l'antiquité gréco-romaine et de la renaissance florentine, il a mis, d'autre part, l'un des premiers, à profit, avec le plus de sympathie, les leçons des paysagistes contemporains, en appliquant à la décoration murale ces principes d'harmonie calme dans les couleurs et de simplification expressive dans les figures dont Corot et Millet, presque seuls, nous ont donné d'abord un utile exemple. Le grand carton de cette année porte comme toujours la marque de cette double préoccupation; l'artiste semble même vouloir y répondre à certains reproches qui lui ont été justement adressés antérieurement : la plupart de ses figures y sont accentuées, dans leur structure intime comme dans leur apparence extérieure, avec plus de précision. Le noble artiste a senti lui-même, en voyant ce que devient sa façon de faire chez ses imitateurs, qu'il était grand temps de s'arrêter dans son système de simplification à outrance; nous pouvons espérer que, dans l'exécution définitive, le peintre se souviendra aussi que l'atténuation excessive des colorations n'est pas une condition indispensable de l'harmonie.

En face du carton de M. Puvis de Chavannes pour la Sorbonne se trouvait une composition décorative de M. Besnard pour la mairie du premier arrondissement qui suggérait des réflexions du même genre. M. Besnard est préoccupé plus encore du renouvellement de l'art monumental par une introduction des types, des costumes, et surtout des sentiments modernes. Imagination cultivée et libre, praticien habile et raffiné, se plaisant aux analyses subtiles des illuminations rares, si M. Besnard apportait dans son exécution autant de fermeté qu'il apporte d'intelligence dans ses compositions, il produirait des œuvres supérieures. Son *Soir de la vie,* mélancolique idylle d'une exécution grave et profonde, est une composition bien appropriée, moralement et matériellement, à sa destination. Les trois compositions historiques de M. François Flameng pour l'escalier de la Sorbonne, dans lesquelles on peut remarquer aussi quelque atténuation peut-être excessive des formes et des couleurs, marquent également, chez un artiste moins préparé à ce genre de travail, un progrès décisif dans le sens de la simplicité et de la grandeur.

C'est encore avec un très vif désir de renouveler l'art historique par une introduction plus abondante de l'air, de la lumière, des physionomies accentuées, que MM. Rochegrosse et Tattegrain ont abordé, l'un l'antiquité romaine, l'autre le moyen âge. L'influence bien comprise de nos paysagistes qui nous ont, les premiers, rendu l'intelligence et l'amour de tous ces éléments naturels, n'a été inutile à aucun d'eux. Le moment choisi par M. Rochegrosse pour représenter la mort de César, ou, pour mieux dire, *la Curée,* est celui où le dictateur, tombant au pied de la statue de Pompée, se cache la tête sous l'effroyable poussée des conjurés qui se bousculent sur la proie terrassée, comme des mâtins affamés sur la dépouille du cerf. Ces sénateurs, gesticulant et vociférant, ont des mines de dogues carnassiers. Le bouvier sauvage des monts Albains revit sous le patricien en robe blanche. Le réalisme vigoureux de ces têtes basanées donne à cette boucherie classique une tragique vraisemblance, qu'accentue la lumière vive et crue dont tout ce groupe blanc, au milieu d'un édifice blanc, est éclairé hardiment. Dans *la Reddition des Casselois,* de M. Tattegrain, scène populaire, de vastes dimensions, l'élément atmosphérique joue un rôle plus important encore. C'est par une pluie battante, sous un ciel froid et brumeux, que les pauvres paysans, accroupis et pataugeant dans des tourbières fangeuses, implorent merci de leur seigneur Philippe le Bon. C'est là du bon réalisme, bien appliqué à l'histoire, par un paysagiste convaincu et un observateur sincère et ému des types populaires.

C'est par cet emploi bien réfléchi de l'observation contemporaine que la peinture historique peut devenir intéressante et vivante, c'est-à-dire prendre les qualités de l'histoire même. Dans l'état actuel de nos connaissances, on ne saurait plus, cela va sans dire, la traiter d'après des formules académiques en vue d'un pur effet de décoration, de couleur ou de style; on lui demandera de plus en plus la vraisemblance des choses, retrouvée par l'étude des documents authentiques; d'autre part, et avec raison, on est moins disposé que jamais à se contenter de froides restitutions archéologiques. L'archéologie seule, en effet, ne peut pas plus faire des peintres que le naturalisme seul ne peut faire des historiens. Les renseignements fournis par l'érudition ne sont bons pour un artiste que lorsqu'il sait s'en servir en artiste et trouver dans les détails précis des architectures, des mobiliers, des costumes d'autrefois, des effets de l'ordre pittoresque. Ainsi fait M. Benjamin-Constant lorsqu'il prend *l'Impératrice Théodora* comme prétexte à une vigoureuse étude d'étoffes somptueuses et d'étincelantes orfèvreries, enchâssant la courtisane impériale dans son trône de marbre, idole byzantine chargée de pierreries, dans une attitude d'immobilité impérieuse. Ainsi fait M. Cabanel en asseyant sa nonchalante *Cléopâtre*, avec sa belle suivante, à l'ombre d'une colonnade peinte, pour voir agoniser, dans un éloignement rassurant, les victimes de ses expériences toxiques. Toujours attentif dans ses arrangements, soigné dans son exécution, distingué dans ses harmonies, M. Cabanel a tiré bon parti des détails brillants fournis par les musées égyptiens. En donnant à chaque morceau une valeur plastique et un intérêt décoratif, il a ressuscité avec agrément, pour la joie de nos yeux, une Égyptienne élégante d'il y a dix-huit cents ans, dans toute la richesse de son appareil mondain.

L'effort le plus sérieux fait cette année pour réaliser d'une façon complète, suivant nos traditions françaises, une scène historique d'une haute portée, est dû à M. Cormon. Malgré quelques timidités d'exécution, *les Vainqueurs de Salamine* restent, par l'ensemble des qualités, l'œuvre maîtresse du Salon. Le sentiment archéologique s'y mêle dans une juste mesure au sentiment naturaliste. L'agitation heureuse de la multitude triomphante y est exprimée avec une émotion sincère et une science de bon aloi. Dans la vivante et claire disposition des groupes, dans la variété intéressante des types et des allures, dans le choix ingénieux et la subordination habile des accessoires, on reconnaît un compositeur bien informé et un exécutant expérimenté. Harmonie de l'ensemble, équilibre des ordonnances, expression des figures, exactitude des détails, précision du dessin, éclat de la couleur,

M. Cormon, avec la loyauté des artistes d'autrefois, s'est efforcé de réunir toutes les qualités dont l'union fait seule une œuvre parfaite.

Aussi, bien que l'œuvre ait été fort discutée, bien qu'on ait, comme il arrive d'ordinaire, reproché surtout à M. Cormon ses mollesses visibles de conception ou d'exécution, sans lui tenir compte des difficultés surmontées et des résultats obtenus, lorsque les artistes réunis durent interroger leur conscience, ils n'hésitèrent pas longtemps : au premier tour de scrutin pour la médaille d'honneur, M. Cormon obtenait 68 voix, tout le reste des votes se dispersant en désordre sur une vingtaine de candidats; dès le second tour, il passait avec 122 voix, laissant à une très grande distance ses rivaux les plus sérieux, MM. Roll et Tattegrain, le suivre avec 57 et 38 voix.

Le jury accentuait encore le caractère honorable de sa décision en reconnaissant que parmi les ouvrages historiques présentés pour les récompenses aucun ne méritait une première, ni même une seconde médaille. C'est par des médailles de troisième classe qu'il a reconnu l'intérêt des tentatives faites par M. Scherrer dans sa *Jeanne d'Arc entrant à Orléans,* composition bien présentée, mais d'une exécution fatiguée et triste; par M. Lesur dans son *Saint Louis distribuant des aumônes,* où l'on trouve quelques morceaux d'une facture saine et franche; par M. Louis Girardot dans son *Ruth et Booz,* idylle lunaire d'une impression poétique. Presque toutes ses faveurs, comme celles du public, ont été réservées pour les peintres de mœurs contemporaines et pour les peintres de paysage. Ceux-là tiennent, en effet, le haut pas dans nos expositions, et leurs succès si légitimes prépareraient sans doute un renouvellement de l'école française, si l'on n'abandonnait pas trop souvent la proie pour l'ombre, et si l'on apportait résolument, dans l'exécution de ces thèmes à la fois plus faciles et plus exigeants, la conscience intellectuelle et la science technique que les générations précédentes mettaient à traiter d'autres sujets.

Il est juste de dire que dans toutes les branches de la peinture contemporaine, portrait, paysanneries, scènes civiles et militaires, paysages et natures mortes, les jeunes arrivants aperçoivent encore devant eux des maîtres en pleine maturité, dont le talent s'affermit chaque année par l'expérience, et qui peuvent, longtemps encore, leur donner d'utiles exemples. Le *Portrait de M. Alexandre Dumas,* vigoureusement modelé comme une médaille solide par M. Bonnat; les élégants portraits de femmes et d'enfants, par MM. Boulanger, J. Lefebvre, Bouguereau, etc.; les portraits consciencieux de MM. Fantin-Latour, Émile Lévy, Morot, Monchablon, sont intéressants à comparer avec ceux des jeunes récompensés : MM. Doucet, Carrière, Aviat, Mlle Bilinska. Dans le genre rustique, M. Jules Breton, plus maître de lui que jamais, toujours habile à présenter poétiquement ses paysannes mélancoliques dans la douceur ardente des beaux crépuscules; M. Dagnan, de plus en plus énergique dans l'accentuation pénétrante de ses types campagnards, choisis avec un discernement de poète et d'historien parmi les races les plus expressives; M. Lhermitte, en qui la noblesse naïve du travail champêtre trouve un interprète admirablement puissant et sincère, ont exposé cette année des œuvres exemplaires. Chez eux, l'union indispensable de la réalité et de la réflexion, de la vérité et de la poésie, de l'impression et de la science, éclate à tous les yeux comme une protestation nécessaire contre la grossièreté présomptueuse d'une certaine coterie de modernistes plus paresseux qu'innovateurs et plus ignorants qu'audacieux. MM. Buland, Fourié, Beyle, Muenier, Chigot, Éliot, Picard, Marty, Jacob, Deyrolle, que le jury a récompensés, marchent également dans la bonne voie, les uns avec une franchise plus crue, les autres avec un sentiment plus délicat. Dans la peinture familière de la vie scientifique ou artistique, M. Gervex, en représentant la leçon d'un chirurgien dans une salle d'hôpital avant une opération, et M. Dantan, en montrant des mouleurs à la besogne dans un atelier, ont fait tous deux des œuvres qui compteront. La guerre a vigoureusement inspiré M. Roll et M. Morot. Le paysage français ne déchoit pas entre les mains de MM. Français, Harpignies, Busson, etc., non plus que la peinture d'animaux entre celles de MM. Duez et Lambert, et la peinture de nature morte entre celles de MM. Philippe Rousseau et Vollon.

Dans la section de sculpture, l'obtention de la médaille d'honneur par M. Fremiet, pour son groupe d'un *Gorille enlevant une femme nue,* groupe d'un réalisme scientifique un peu brutal, il faut l'avouer, n'a pu toutefois surprendre que ceux auxquels la valeur exceptionnelle de M. Fremiet n'était pas connue. Ses confrères, en lui décernant cette haute distinction, ont voulu récompenser toute une longue carrière, des plus honorables et des plus laborieuses. M. Fremiet est certainement l'un des sculpteurs les plus originaux et les plus ingénieux de notre temps, l'un de ceux qui ont tenté avec le plus de succès d'ouvrir à la sculpture des voies nouvelles, soit par les études zoologiques, soit par les études historiques. Des Français ne peuvent pas d'ailleurs oublier que M. Fremiet est l'auteur du *Louis d'Orléans* au château de Pierrefonds et de la *Jeanne d'Arc* sur la place des Pyramides. Aucun artiste de notre temps n'est peut-être entré si profondément ni si savamment que lui dans l'intimité de notre âme nationale. Le témoignage d'estime et d'admiration qui lui a été accordé était mérité depuis longtemps.

Le *Gorille* n'était d'ailleurs qu'une note isolée dans la section de sculpture. Comme toujours, la meilleure place y était réservée à la beauté féminine, qui, sous les traits de *Diane,* d'*Omphale,* de *Circé,* nous a apparu, grâce à MM. Falguière, Gérôme, Delaplanche, sous des aspects bien divers, dans la séduction éclatante des beaux marbres. L'art monumental, héroïque, patriotique, dignement représenté par MM. Boisseau, Boucher, Desca, Marqueste, Millet, nous a montré, en outre, les fragments d'une œuvre tout à fait supérieure, qui sera l'honneur de la ville d'Orléans : le *Monument de Mgr Dupanloup,* par M. Chapu. L'art décoratif s'y est manifesté sous une forme mouvementée et brillante, conforme à nos traditions du XVIIe siècle, dans les beaux bas-reliefs de M. Injalbert pour la ville de Montpellier. A côté de ces artistes hors concours, qui sont la gloire de l'école, tous ceux que le jury a signalés par ses récompenses à l'attention publique nous attestent que, de ce côté, l'on n'a toujours rien à craindre. Dans la section de sculpture, jeunes et vieux nous rassurent pour l'avenir, comme ils nous enchantent dans le présent.

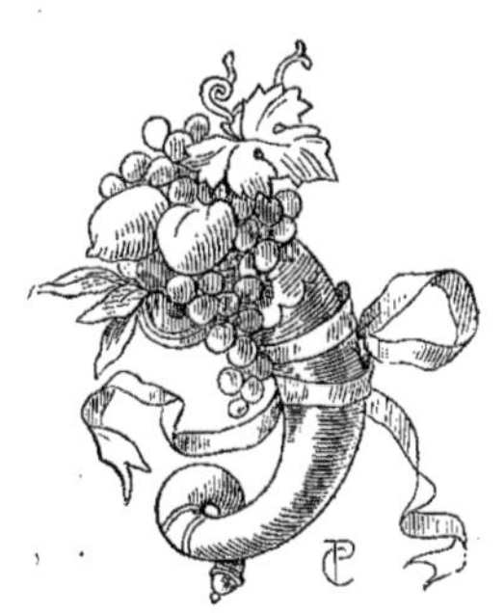

ŒUVRES GRAVÉES

PEINTURE

N° 218. *Le Soir de la vie.* — BESNARD (Paul-Albert). Hors concours. — E. U.

H. 3m30. — L. 6m10. — Fig. un peu plus grandes que nature.

Composition décorative destinée à la salle des mariages de la mairie du Ier arrondissement.

Au milieu, sur les degrés d'une maison rustique, au-dessus d'une grande plaine qui s'étend en bas sur la gauche, sont assis, vus de trois quarts, tournés à gauche, un vieux paysan et une vieille paysanne, serrés l'un contre l'autre et regardant le ciel clair plein d'étoiles. La paysanne, enveloppée dans un manteau sombre, au premier plan, repose sa tête sur l'épaule de son mari, qui, la tête nue, appuie son coude gauche sur un bâton qu'il tient de la main droite. Derrière eux, à droite, en haut, sur l'appui d'un escalier de pierre, se penche une jeune fille qui porte un enfant dans ses bras. Dans le fond on aperçoit, dans une cuisine éclairée, une jeune femme préparant le souper. A gauche, en bas, dans la plaine, les maisons d'un village où s'allument les lumières du soir.

COMMANDÉ PAR LA VILLE DE PARIS.

N° 594. *Les Vainqueurs de Salamine.* — CORMON (Fernand). Hors concours. Médaille d'honneur. — E. U.

H. 4m65. — L. 7m65. — Fig. grandeur naturelle.

Au premier plan, à gauche, deux jeunes filles brunes, échevelées, les bras et les jambes nus, se tenant par la main, accourent, vues de profil, vers la droite. La première, vêtue d'une tunique de couleur jaune clair, des fleurs rouges dans les cheveux, agite de la main droite un rameau d'olivier; la seconde est habillée d'un corsage rose et d'une tunique brodée, couleur de safran. Derrière elles tournent en cercle plusieurs jeunes filles secouant des tambourins et des sistres; d'autres rondes de danseuses les suivent dans le lointain. Au milieu du tableau, marchant obliquement vers la gauche, tous les visages vus de profil, s'avance la troupe des Athéniens. Le premier rang est composé de cinq soldats, dont le plus éloigné, portant un casque plat, une cuirasse et des jambières de bronze, tient une masse d'armes sur son épaule. Près de lui marche dans le rang une jeune femme blonde, habillée de bleu, qui serre entre ses bras un vase d'or. Les quatre autres soldats, jambes nues et têtes nues, l'un couronné de feuillage, l'autre le front bandé d'un linge sanglant, chantent à tue-tête en se tenant par les épaules. Au premier plan, sur la droite, un soldat cuirassé, avec un casque doré à visière, un tapis persan sur le bras, une pique dans une main et un bouclier dans l'autre, les accompagne en courant; il est suivi d'un éphèbe nu sous sa courte chlamyde flottante, et d'une jeune fille, en longue tunique rouge, portant dans son bras gauche une idole peinte de style égyptien. Derrière, au deuxième plan, au milieu de la foule des hommes et des femmes qui brandissent pêle-mêle, en criant, des épées, des lances, des branches de feuillage, Thémistocle, la tête nue, monté sur un cheval qui caracole, vu de profil, lève la tête et le bras droit vers le ciel. Au fond, la mer bleue, avec la ligne des montagnes de l'Attique se déroulant sur la gauche. A droite, des voiles de navires agitées par le vent. Ciel clair et vif.

COMMANDÉ PAR L'ÉTAT.

N° 641. *Le Pardon* (*Bretagne*). — DAGNAN-BOUVERET (Pascal-Adolphe). Hors concours. — E. U.

H. 1m13. — L. 0m83.

Sur le premier plan, à gauche, marchant sur ses genoux, de face, une paysanne d'âge mûr, en grande coiffe blanche, portant une large collerette blanche, des manches blanches avec des bouts de manches noirs sur sa robe noire; elle tient un cierge dans la main droite, et de la gauche soulève sa robe. A son côté, à droite, de face, debout, s'appuyant sur une canne, marche un vieux paysan en costume sombre, pieds nus, ses longs

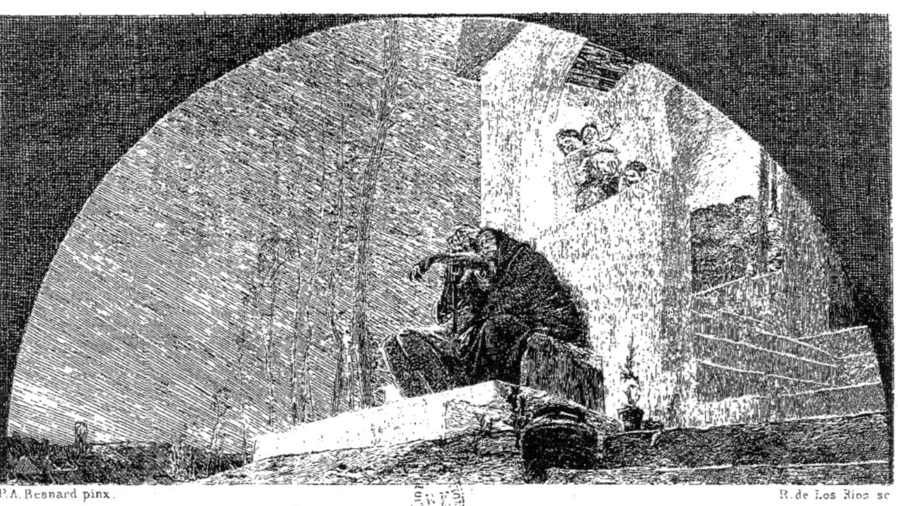

P.A. Besnard pinx. R. de Los Rios sc

LE SOIR DE LA VIE

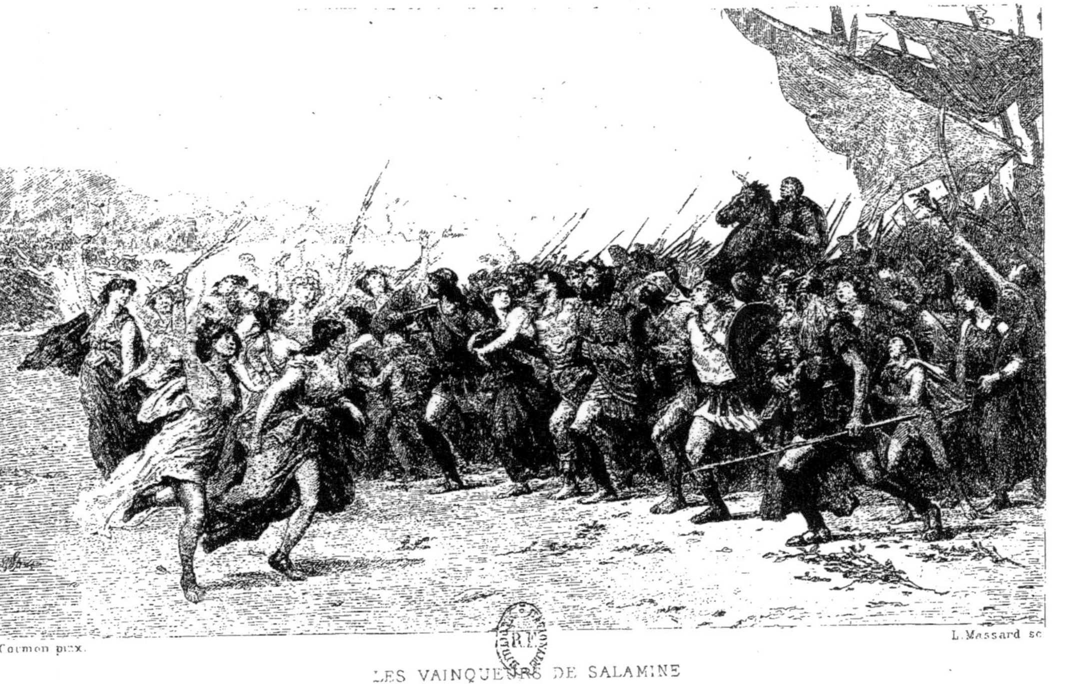

Cormon pinx. L. Massard sc.

LES VAINQUEURS DE SALAMINE

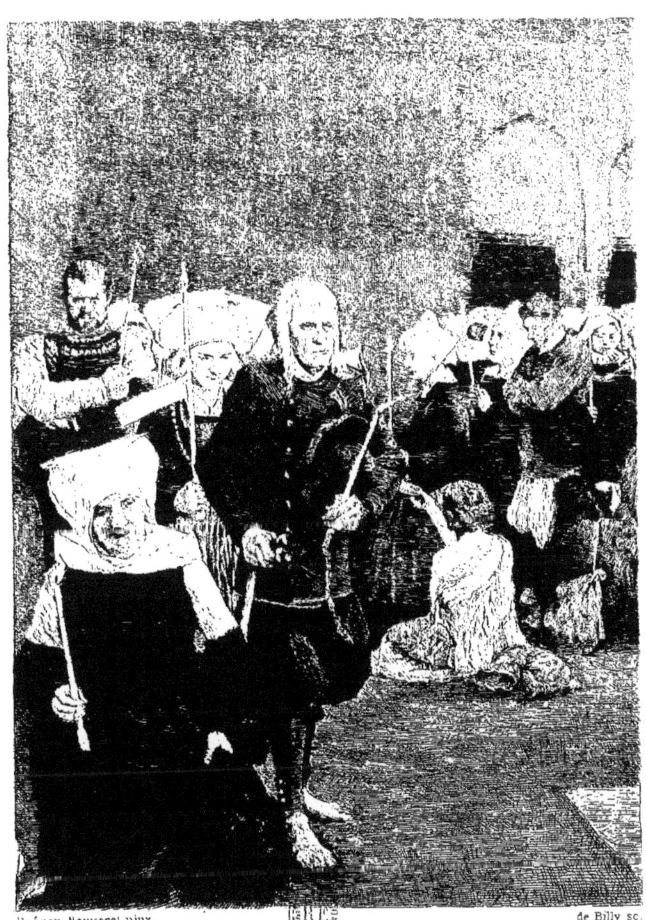

Dagnan Bouveret pinx. de Billy sc.

LE PARDON (BRETAGNE)

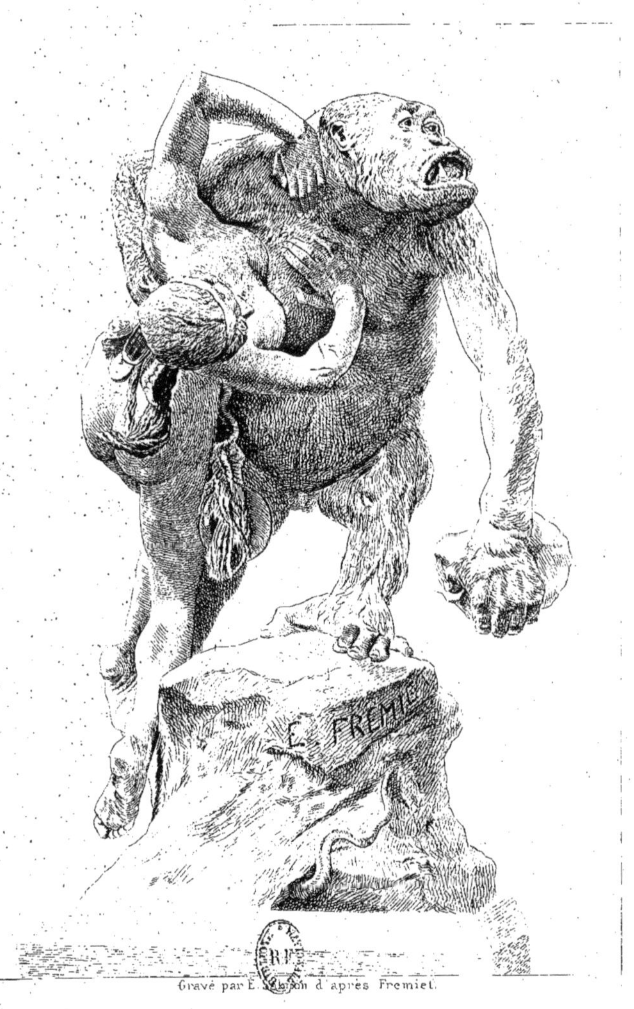

Gravé par E. [illegible] d'après Fremiet.

GORILLE

(Plâtre)

cheveux blancs traînant sur les épaules; il porte aussi de la main droite un cierge allumé, et de l'autre serre son chapeau contre sa poitrine. Derrière ce groupe, une jeune paysanne au visage frais, coiffée d'une grande coiffe blanche, les yeux baissés, un cierge en main, et un homme robuste, blond, sanguin, aux cheveux courts, en tricot bleu brodé de bandes jaunes, tenant aussi un cierge; tous deux encore de face Sur la droite, au deuxième plan, vues de dos, deux mendiantes assises à terre devant la suite de la procession, l'une en camisole grise déchirée, une épaule nue, l'autre vêtue de noir et portant une besace en toile. Au fond, un groupe de paysans et de paysannes sortant de la porte de l'église et se dirigeant vers la gauche.

SCULPTURE

N° 3981. *Gorille* (*Troglodytes gorilla* du Gabon). — FREMIET (Emmanuel). Hors concours. Médaille d'honneur. — E. U.

H. 1m90. — L. 1m35. — Pr. 1m40.

Groupe. Plâtre. Fig. grandeur naturelle.

Debout, sur un rocher, atteint par une flèche qui lui traverse l'épaule gauche, le quadrumane, posé sur le pied droit, s'élance, de face, en avant, le pied gauche en arrière; il emporte sous son bras droit, en la serrant contre sa poitrine, une femme nue qui se débat, le repoussant des deux bras, les jambes pendantes. Dans la main gauche, l'animal tient un gros silex. La femme, dont le bras montre des traces de morsure, porte une ceinture de coquillages, et, dans les cheveux, un peigne fait avec des dents d'animaux.

ACQUIS PAR L'ÉTAT.

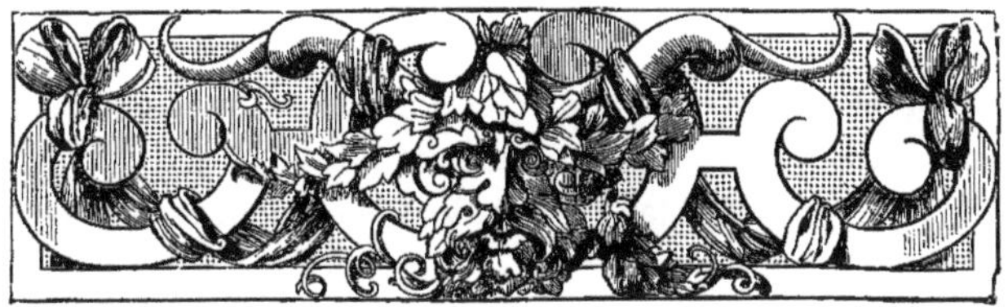

Salon de 1888

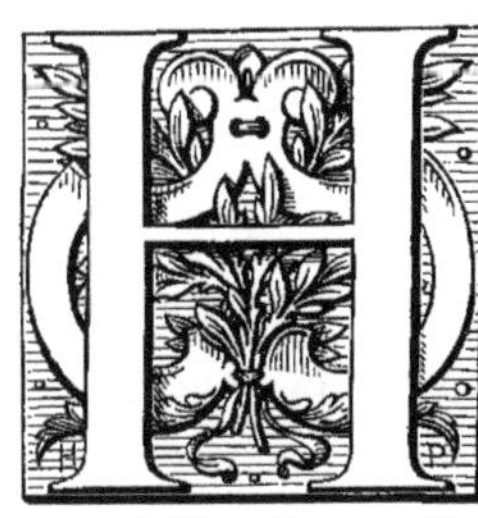

Heureux les artistes qui sont de bons ouvriers, ceux dont la main traduit librement et fermement leurs sensations ou leurs pensées! Plus heureux encore ceux qui joignent à cette force d'exécution la puissance d'une conviction sincère et d'une imagination poétique! C'est à ceux-là, en fin de compte, que va le succès, c'est à ceux-là qu'il reste. Le Salon de 1888, sous ce rapport, nous semble avoir été fort instructif. Aucun des Salons précédents n'a montré, chez les jeunes peintres, une activité plus variée et plus indépendante. Réalistes, naturalistes, clair-obscuristes, luminaristes, impressionnistes, s'en sont donné à cœur joie, faisant feu des quatre pieds pour prouver qu'avant eux personne n'avait regardé ni compris le spectacle des choses. Tout n'est pas vain certainement dans ces recherches souvent faites à l'étourdie, mais dirigées par un estimable désir d'innovation.

Il n'y a guère d'évolution, dans les arts comme ailleurs, qui ne débute par des extravagances, et cette subtile analyse des phénomènes lumineux, à laquelle s'adonnent volontiers les jeunes gens, les conduit déjà à des découvertes et à des effets qui ne sont pas sans intérêt, et que le public sait apprécier comme il convient. Néanmoins, les œuvres qui ont le plus retenu l'attention sont celles qui, suivant les vieux principes, joignent la solidité des dessous au charme des surfaces, la logique de la composition au brillant du rendu, l'attrait d'une composition élevée au mérite d'une exécution savante. Plus, en un mot, certains esprits légers ou paradoxaux s'efforcent de détourner les nouvelles générations des études sérieuses auxquelles se livraient les précédentes, plus les preuves s'accumulent de la nécessité et de l'excellence de ces études par lesquelles s'assure la longévité du talent aussi bien que sa solidité et son originalité. En même temps éclate de plus en plus cette vérité, au milieu de ce débordement extraordinaire de soi-disant réalisme, c'est que, même dans les sujets modernes, c'est toujours l'imagination, c'est-à-dire la force personnelle d'interprétation et de transformation, qui marque le rang de l'artiste. Dans les genres les plus positifs, dans ceux qu'encourage une faveur marquée du public, dans le portrait, dans le paysage, dans le tableau de genre, quels sont encore les chefs et les maîtres ? Ceux qui font preuve de la vision la plus personnelle, ceux qui imposent le plus franchement à la réalité la domination de leur tempérament et de leur volonté, ceux qui expriment d'autant mieux certaines qualités de la nature et de la vie qu'ils insistent sur ces qualités, qu'ils les dégagent, les amplifient, les font saillir avec l'exagération de leur passion personnelle.

Parmi les portraitistes, voici en tête MM. Bonnat et Carolus-Duran, qui n'ont jamais été plus Bonnat et plus Carolus-Duran, c'est-à-dire des praticiens plus personnels et plus résolus, traitant leurs modèles avec une liberté presque brutale, l'un à l'espagnole, l'autre à la flamande. Le *Portrait du Cardinal Lavigerie* et celui de *M. Jules Ferry*, où le premier, en analysant deux des physionomies les plus caractéristiques de notre temps, développe la vigueur de son talent énergique; le *Portrait de ma fille* et celui de *M. Français*, où le second fait éclater joyeusement, en exprimant des visages gracieux et bienveillants, sa virtuosité triomphante de savant improvisateur, tiendront une place d'autant meilleure dans leur œuvre que ce sont des productions plus individuelles. Il en est de même des portraits délicats de M. Cabanel. Il en est de même, peut-on ajouter, des études de figure qu'on doit à des portraitistes de profession, tels que MM. Hébert, Henner, J. Lefebvre, Boulanger, etc... Si les peintures qu'ont exposées ces artistes se sont fixées dans nos imaginations, c'est parce qu'ils y ont mis, dans l'interprétation des réalités vivantes, toute la force de leur imagination, transformant, sciemment ou naïvement, ces réalités passagères en visions durables, par leur insistance sur tel ou tel point, l'un sur l'expression intellectuelle et morale, l'autre sur le contraste harmonieux des clartés et des ombres, les autres sur la vérité ou l'élégance des formes. Dans la majestueuse et touchante figure de Muse attristée qu'il intitule *Aux héros sans gloire*, M. Hébert a résumé tout ce que ses études antérieures lui ont appris sur le corps et sur le visage féminins, tout ce que ses réflexions mélancoliques et bienveillantes lui ont enseigné sur les désenchantements de l'existence. C'est une des plus nobles créations qui aient paru depuis longtemps dans nos expositions; il est probable qu'en d'autres temps la médaille d'honneur eût été, sans hésitation, attachée à une œuvre d'une telle qualité.

Dans le paysage, quels sont ceux qui marquent le pas? Toujours les hommes de méthode, de science, de réflexion, MM. Français et Harpignies, c'est-à-dire ceux qui dominent le mieux leurs impressions, et il est facile de constater que, dans la nouvelle génération, les plus voisins du but sont ceux qui procèdent d'après les mêmes principes. Dans la peinture de genre, la peinture rustique et populaire, les mêmes qualités de concentration et de conscience assurent toujours le premier rang à M. Jules Breton, convaincu, comme tous les vrais artistes, qu'en peinture ce n'est ni la dimension, ni la quantité, ni l'étrangeté des œuvres, qui comptent, mais uniquement leur perfection. C'est sur ce terrain, d'ailleurs, que s'exerce avec le plus d'entrain l'activité de nos jeunes artistes, encouragés par la faveur du public. La *Manda Lamétrie* de M. Roll et *le Repos* de M. Lhermitte représentent avec éclat les deux directions suivies par les peintres de figures rustiques, les uns à la recherche de l'expression poétique de la vie simple, les autres plus exclusivement préoccupés d'une traduction sincère de la réalité. Dans cet ordre d'idées, le Salon de 1888 a montré, plus encore que les précédents, combien il fallait tenir compte du travail des écoles étrangères. Il est probable que l'Exposition universelle de 1889 nous apportera, à ce sujet, des renseignements étendus tout à fait instructifs. En général, c'est par un maniement délicat et expressif des jeux variés de la lumière, soit en plein air, soit dans les intérieurs, autour de la figure humaine, qu'ils parviennent à donner à leurs études une note plus émue et plus pénétrante, ainsi qu'on le peut constater dans les tableaux intéressants de MM. W. Gay, Butler, Mac-Ewen, trois Américains; de M. Israels, un Hollandais ; de M. Kuehl, un Allemand, etc... On peut constater d'ailleurs des recherches heureuses du même genre, avec un sentiment des formes souvent plus ferme, dans un grand nombre de peintres français, tels que MM. Marec, Gœneutte, La Touche, Cazin, Dantan et beaucoup d'autres.

La grande peinture historique, monumentale, décorative, n'a guère été représentée que par la suite des travaux commandés par l'État pour la Sorbonne, dont MM. Puvis de Chavannes et François Flameng avaient, l'an dernier, montré déjà des parties importantes. La triple composition de M. Flameng sur *la Renaissance, Richelieu, Henri IV,* offre les mêmes qualités vives et pittoresques que sa composition précédente destinée au même édifice, et pour M. Benjamin-Constant *les Lettres, les Sciences, l'Académie de Paris,* ont été l'occasion de déployer toute sa virtuosité de peintre dans la juxtaposition de figures éclatantes sous un ciel radieux, au milieu des marbres et des verdures. En général, dans les œuvres de ce genre, presque toutes rapidement exécutées, on regrette que nos artistes, infidèles en cela aux anciennes traditions de l'école, s'en tiennent trop exclusivement aux recherches de l'effet pittoresque, et n'approfondissent pas suffisamment les sujets historiques ou allégoriques qu'ils ont à traiter, de façon à en dégager toute la portée intellectuelle ou morale.

Ce qui prouve pourtant, en fin de compte, qu'on ne rompt pas si aisément avec les exigences du tempérament national, et que les artistes, une fois réunis, ne font pas si bon marché de l'intérêt imaginatif des œuvres d'art qu'ils semblent l'affecter en particulier, ce sont leurs décisions publiques. Le Jury, appelé à décerner la médaille d'honneur, n'a choisi ni M. Henner, ni M. Benjamin-Constant, ni M. Roll, dont les ouvrages tenaient pourtant le premier rang si l'on prend comme principe de jugement la valeur intrinsèque et technique, le mérite pittoresque; il a tenu, au contraire, à saluer en M. Detaille, l'auteur du *Rêve,* un peintre militaire et patriote qui ne se contentait plus de copier, avec une précision vivante, des soldats en mouvement, mais qui cherchait encore à exprimer l'activité même de leurs âmes en faisant passer au-dessus de leurs corps étendus sur le sol les visions victorieuses qui consolent leur sommeil.

La même préoccupation semble avoir dirigé le Jury dans la distribution des médailles. Si les deux premières ont été obtenues par MM. Delance et Forsberg, pour *la Légende de saint Denis* et pour *la Fin d'un héros,* c'est que ces deux artistes ont fait un effort honorable, dans leurs grandes toiles, l'un pour renouveler, par le rajeunissement des acteurs et du paysage, la vieille légende parisienne, l'autre pour raconter, avec une gravité émue, un épisode touchant du siège de Paris. Parmi les médailles de deuxième classe et de troisième classe, qui ont presque toutes été données à des études de genre populaire ou à des paysages, le plus grand nombre n'a fait aussi que sanctionner les préférences du public en récompensant l'association de l'observation et de l'émotion, de la facture et de l'esprit, tels qu'on les constate, par exemple, dans *l'Accouchée,* de M. La Touche; *la Cinquantaine,* de M. Perret; *la Violoniste,* de Mlle Guyon; *le Bénédicité,* de M. Walter Gay; *les Pilotes,* de M. Melchers; *le Portrait de la Communiante,* de M. Marius Michel; *la Fête de la moisson,* de M. Mosler; *les Joueurs de cartes,* de M. Kuehl, etc...

Chez les sculpteurs, mêmes tendances et mêmes affirmations. Là se trouvaient en présence, pour la médaille d'honneur, deux groupes extrêmement remarquables, le *Pro patria morituri,* de M. Tony-Noël, *l'Aveugle et le Paralytique,* de M. Turcan. Le premier est un beau morceau de sculpture savante, solide, vigoureuse, conçu et exécuté avec une fermeté énergique par un praticien consommé; le second joint à de belles qualités plastiques des recherches assez compliquées d'expressions physiques et morales, que l'artiste habile a su marquer sans affectation. C'est au second que sont allées les voix des artistes aussi bien que les voix du peuple. Il serait de même facile de signaler dans les statues récompensées un certain nombre qui ont dû leur légitime succès à des qualités énergiques ou délicates d'expression complétant heureusement leurs qualités plastiques, telles qu'*Après le combat,* par M. Levasseur; l'*Hésitation,* par M. Mathet; le *Philoctète,* par M. Baralis; la *Saga,* par M. Ringel.

Partout, en somme, dans la sculpture comme dans la peinture, malgré l'anarchie croissante des écoles et malgré l'émancipation absolue des individus, non seulement les œuvres excellentes, dues aux maîtres déjà connus, restent assez nombreuses et assez puissantes pour affirmer la solidité durable des enseignements anciens fondés sur l'expérience, mais on peut constater que, parmi les maîtres nouveaux, ceux qui se croient les plus indépendants sont obligés, bon gré, mal gré, de reconnaître la vérité de ces enseignements traditionnels. Sur ce point, les artistes, quand ils jugent, et le public, quand il regarde, se trouvent presque toujours d'accord. Cet accord constant peut nous rassurer, pour longtemps encore, sur les destinées de notre école, même dans le cas où les écoles étrangères, qui procèdent actuellement d'elle et qui s'efforcent de s'en séparer, deviendraient, en développant leur originalité, des émules décidément redoutables.

ŒUVRES GRAVÉES

PEINTURE

N° 731. *Une Maîtrise d'enfants (souvenir d'Italie).* — DAWANT (Albert-Pierre). Hors concours. — E. U.

H. $1^{m}70$. — L. $2^{m}25$.

Intérieur de chœur dans une église. Au milieu, presque tous vus de profil, quelques-uns de trois quarts, une vingtaine d'enfants de chœur, en robes rouges et camails rouges, assis sur quatre rangs, chantant sous la direction d'un ecclésiastique, qui, debout, au premier plan, vu de dos, bat la mesure de la main droite, en suivant le chant sur un papier qu'il tient de l'autre main. A droite, un lutrin derrière lequel chante un autre groupe d'enfants de chœur qui se tient debout. Au fond, à droite, stalles de bois sculpté, dans lesquelles sont assis plusieurs prêtres. A gauche, une grille derrière laquelle est un groupe de spectateurs.

ACQUIS PAR L'ÉTAT.

N° 833. *Le Rêve.* — DETAILLE (Édouard-Jean-Baptiste). Hors concours. Médaille d'honneur. — E. U.

H. $3^{m}00$. — L. $4^{m}00$.

Une plaine au petit jour. A gauche, étendus sur plusieurs rangs, en longues files, dans les chaumes, des soldats de ligne français enveloppés de leurs couvertures et dormant. Au premier plan, l'un d'eux se présente de face, roulé dans une couverture verte. Sur la droite, au même plan, trois sabres, fichés en terre, auxquels sont suspendues des gibernes. Derrière, au long de la file des dormeurs, une file de fusils en faisceaux. Au premier faisceau sont suspendus des clairons. Sur le deuxième et le troisième est posé, en travers, un drapeau roulé. A l'arrière-plan, un autre groupe de soldats endormis, et, à l'horizon, des feux de bivouacs. Dans le ciel, chargé de vapeurs, monte, de droite à gauche, une foule confuse de soldats fantômes, en costumes de la République et de l'Empire, agitant des drapeaux tricolores en lambeaux. En bas, au loin, au ras du sol, les premières blancheurs rosées du crépuscule.

ACQUIS PAR L'ÉTAT.

N° 2174. *Manda Lamétrie, fermière.* — ROLL (Alfred-Philippe). Hors concours. — E. U.

H. 2^m15. — L. 1^m60. — Fig. grandeur naturelle.

Jeune paysanne, en cheveux, les bras et les épaules nus, s'avançant, de face, dans un verger. Elle tient dans la main droite un seau en fer-blanc rempli de lait. Corset de coutil gris, jupon gris, tablier de grosse toile, gros souliers. Derrière elle, en travers, une vache à robe claire. De chaque côté, un petit arbre. Dans le fond, derrière une haie, des arbres et des broussailles, et, sur la droite, des constructions. Ciel clair et blanc du matin.

ACQUIS PAR L'ÉTAT.

SCULPTURE

N° 4709. *L'Aveugle et le Paralytique.* — TURCAN (Jean). Hors concours. Médaille d'honneur. — E. U.

H. 2^m30. — L. 1^m25. — Pr. 0^m90.

Groupe en marbre. — Fig. grandeur naturelle.

Jeune homme nu, les yeux fermés, en marche, portant sur ses épaules un vieillard dont il soutient les jambes raides sous son bras droit. Le vieillard, la tête penchée en avant sur l'épaule gauche du jeune homme, s'attache du bras droit à son cou, tandis que de l'autre il lui tient et lui dirige le bras gauche étendu.

COMMANDÉ PAR L'ÉTAT.

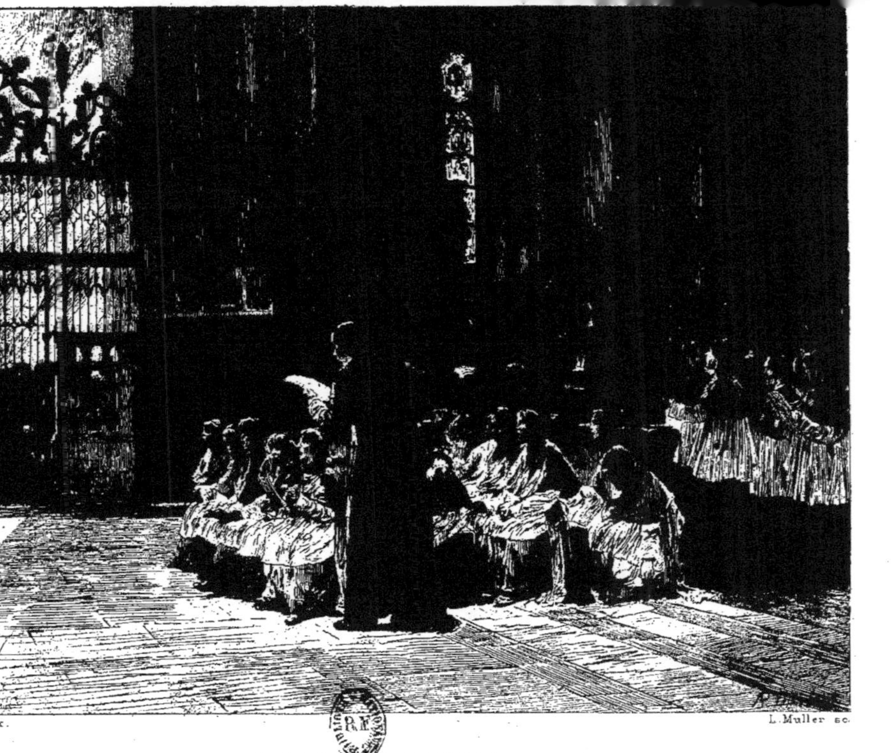

Dawant pinx. L. Muller sc.

UNE MAITRISE D'ENFANTS

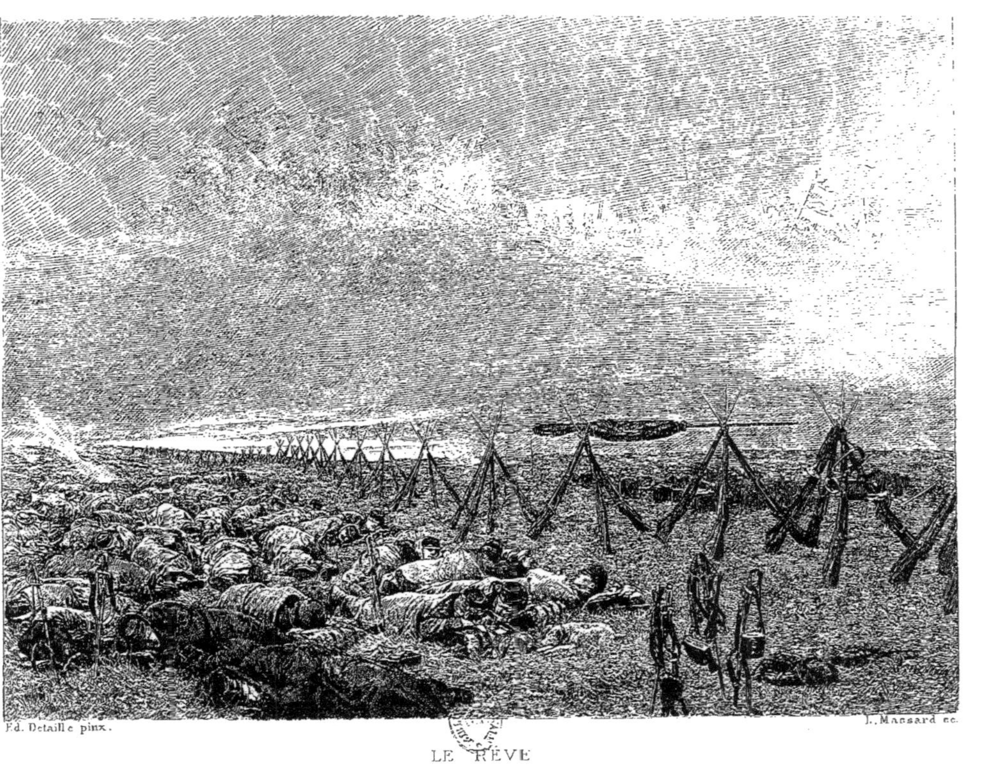

Ed. Detaille pinx. J. Massard sc.

LE RÊVE

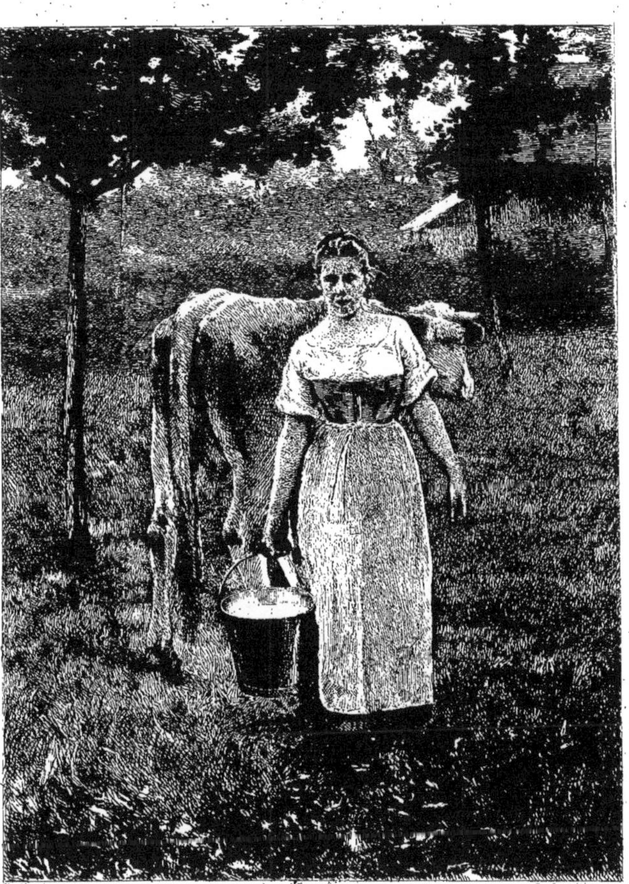

Roll pinx. De Los Rios sc.

MANDA LAMETRIE, FERMIÈRE

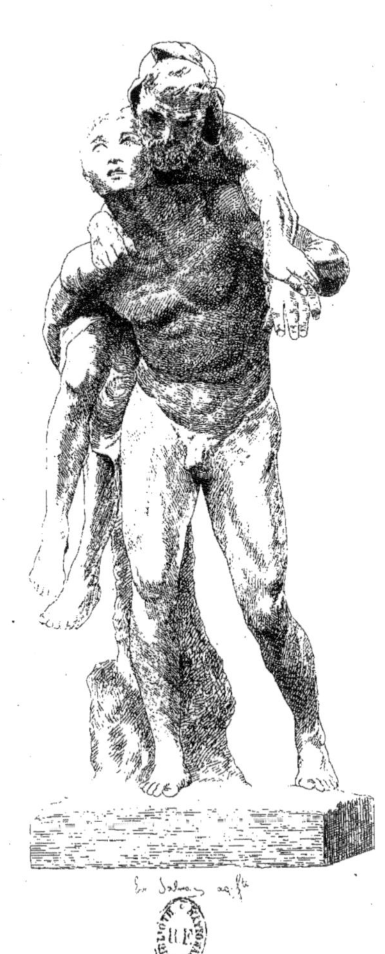

Gravé par F. Salmon d'après Turcan.

L'AVEUGLE ET LE PARALYTIQUE

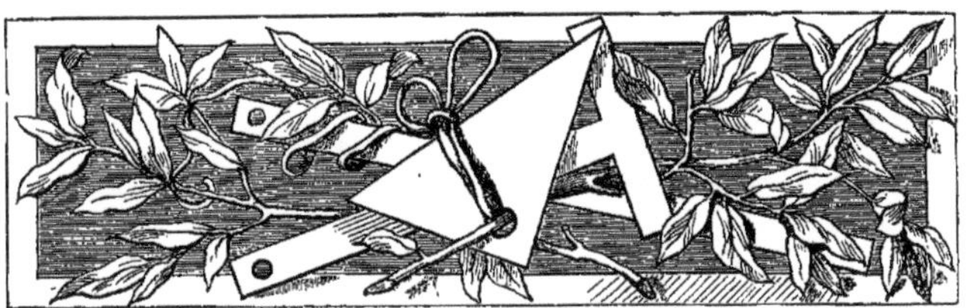

TABLE ANALYTIQUE

PAR NOMS D'ARTISTES

DES ŒUVRES GRAVÉES

NOTA. — Le nom placé à la fin des indications relatives à chaque œuvre est celui de l'artiste qui l'a gravée.

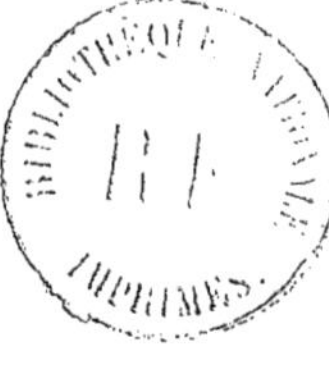

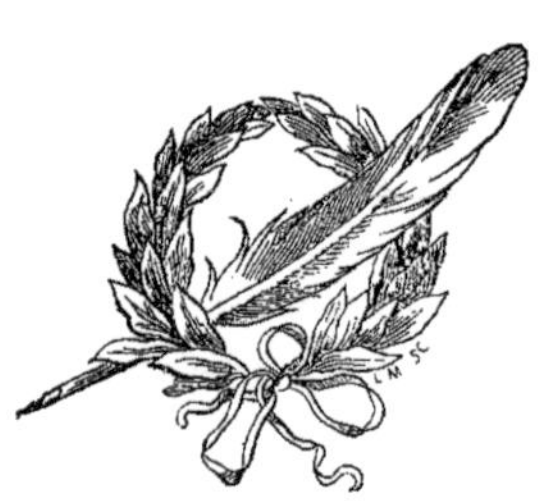

A PARIS

DES PRESSES DE D. JOUAUST

Rue de Lille, 7

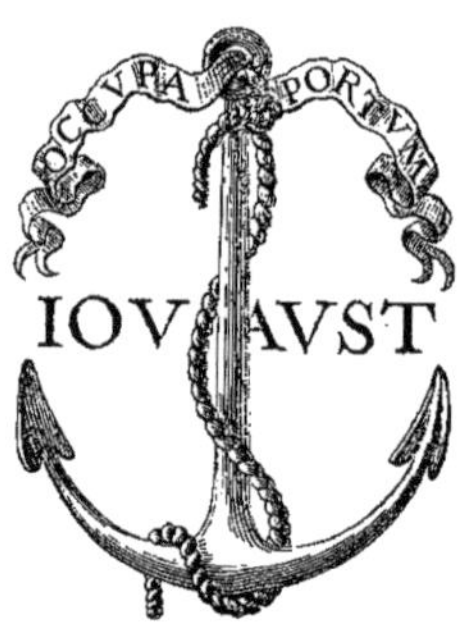
IOV AVST

www.ingramcontent.com/pod-product-compliance
Ingram Content Group UK Ltd.
Pitfield, Milton Keynes, MK11 3LW, UK
UKHW020213250726
13967UKWH00003B/1443

9 782013 052337